Ibsen

A. Suarès

Paris, 1903

Copyright © 2024, André Suarès
Édition : BoD • Books on Demand GmbH, In de
Tarpen 42, 22848 Norderstedt (Allemagne)
Impression : Libri Plureos GmbH, Friedensallee 273,
22763 Hamburg (Allemagne)
ISBN : 978-2-3225-4274-1
Dépôt légal : Août 2024

- I. La Morale de l'anarchie
- II. Sur les Glaciers de l'intelligence

IBSEN

I

MORALE DE L'ANARCHIE[1]

I. — LE GÉNIE DU NORD

La Norvège, navire de fer et de granit, gréé de pluie, de forêts et de brumes, est mouillée dans le Nord entre la frégate de l'Angleterre, les quais de l'Océan glacial, et la berge infinie de l'Orient qui semble sans limites. La proue est tournée vers le Sud ; peu s'en faut que le taille-mer n'entre comme un éperon au défaut de la plaine germanique et des marais bataves. À l'avant, la Norvège est sculptée, en poulaine, de golfes et de rochers : tout l'arrière est assis, large et massif, dans la neige et les longues ténèbres. Les morsures éternelles de la vague non moins que ses caresses ont cisaillé tout le bord, en dents de scie. Entre les deux mers, la tempête d'automne affourche les ancres du bateau, et croise les câbles du vent et de la pluie. L'hiver, il fait nuit à trois heures ; dans le nord, le jour ne se lève même pas. On vit sous la lampe, dans une ombre silencieuse où les formes furtives ont le pas des fantômes. La neige est partout : elle comble les mille vallées creusées dans la puissante échine des montagnes, comme la moelle dans les vertèbres. Le schiste noir, l'eau fauve qui a pris la couleur de la rouille sur les terrains du fer, les noires forêts de sapins ajoutent au grand deuil de la terre. Là, pendant des mois, le soleil est voilé ; ou bien d'argent, ce n'est plus que la lune douloureuse de midi. Au couchant rouge encore, sanglant et sans ardeur, ce globe hagard descend sur l'horizon humide, pareil au cyclope dont l'œil rond se cache dans l'eau verte et pâle. Les cygnes de la mer, les blancs eiders, hantent les vagues grises. Dans les villes de bois, les maisons sont rouges sous le ciel incertain du bleu mourant des colchiques. Les rues sont muettes, et les places sont vides. Les hommes sont sur la mer. Et, comme des corps morts, la foule des îles flotte le long du ponton rocheux et des quais granitiques.

Une âme vaporeuse, un ennui doux, enveloppent de chastes vies ; elles gardent leur fraîcheur, dans l'air humide et presque toujours frais, qui détend les désirs. Mais, comme ce pays, d'un seul coup, passe de l'hiver à l'été brûlant, la chair ici se jette dans l'ardeur brutale, dès qu'elle n'est plus indifférente. Ces enfans aux cheveux de lin blanc, sont gais et brusques ; les femmes, dont les yeux verts ont pris de sa mobile rêverie à l'inquiétude des flots, sont singulières et se plaisent à l'être ; les hommes robustes, durs, silencieux et rudes, semblent taillés pour parcourir une voie droite, sans jamais jeter un regard derrière eux. Tout ce peuple n'a de passions que par accès. Il est exact, et plein de scrupules. Il n'a toute sa fantaisie que dans l'ivresse ; elle est lourde et triste ; la chair et l'âme sensuelle de l'amour y ont moins de part qu'un appétit épais et court, qui a honte de se satisfaire. Rien de léger dans l'esprit ; une inclination pédante aux cas de conscience ; l'intelligence peu rapide, et presque toujours doctorale ; une commune envie d'être sincère et de se montrer original, et la bizarre vanité de croire qu'on est plus vrai, à mesure qu'on se range avec plus d'ostentation contre l'avis commun ; enfin, cette maladie de la religion propre à quelques églises réformées, qui consiste à faire de la morale comme on fait du trapèze, et à s'assurer que l'on en fait d'autant mieux qu'on saute plus haut, quitte dans la chute à se casser la tête ou à la rompre aux autres.

C'est le pays de l'hiver dur et de la neige : sous le ciel jaune qui s'affaisse, l'homme de génie vit dans la cellule de ses rêves ; et, s'il en sort, il tombe mort entre deux ombres glaciales[2]. Le pays de l'été étouffant, où les navires des nations lointaines viennent porter, en glissant au fond des fjords, toute sorte d'étranges promesses, des appels au réveil, les nouvelles d'une contrée houleuse, la chimère du soleil d'or et de la mer libre[3]. Le pays de la nuit polaire et du jour crépusculaire de minuit[4] ; la terre de la pluie, de la pluie éternelle, où l'homme est malade d'attendre la lumière, et où sa folie lui fait réclamer le soleil[5]. Le pays des golfes endormis, où la mer pénètre au cœur des montagnes, s'y frayant un chemin de ruisseau : comme une langue de chimère, comme une flamme liquide et bleue, le fjord dort entre les monts à pic, tel un long lac tortueux ; il est mystérieux et profond ; au bas des moraines énormes, ce filet de mer rêve dans le berceau du ravin, pareil à ce peu de ciel qu'on voit couler, entre les toits des maisons, dans les rues des vieilles villes. Partout la mer, ou la réclusion dans les vallées étroites, derrière les portes de la glace et les grilles de la forêt. La mer fait l'horizon de cette vie ; elle en baigne les bords ; elle en est l'espoir et le fossé ; elle en forme l'atmosphère ; et, là où elle n'est point, on en reçoit les brouillards, et on l'entend qui gronde.

C'est le pays d'Ibsen, où il veut mourir, puisqu'il y est né.

La mer est un élément capital pour la connaissance des peuples. La mer modèle les mœurs, comme elle fait les rivages. Tous les peuples marins ont du caprice, sinon de la folie, dans l'âme. Au soleil, le coup de vent les visite et balaie les nuages ; la brume, dans le Nord, prolonge le délire. Le risque de la mer et le paysage marin agissent puissamment sur les nerfs de la nation ; et par la langue, sur l'esprit. La Norvège parle une langue brève, sèche, cassante ; beaucoup moins sourde que le suédois, moins lourde et moins dure que l'allemand, il me semble ; d'un ton moyen entre l'allemand et l'anglais. Il est curieux que l'accent du breton, en Basse-Bretagne, soit assez semblable à celui du norvégien ; mais le norvégien n'a pas la cadence du breton, et ne chante pas.

L'imagination, presque partout, réfléchit les formes et la couleur des crépuscules. Sur le bord de la mer, au soleil couchant, l'homme qui regarde ses mains les élève et doute d'être soi ; mais, dans l'orage et le brouillard, le marin doit se résoudre, agir sur-le-champ, décider pour tout l'équipage et faire route. Même s'ils ne savent pas où ils vont, les marins calculent où ils sont avec une attention patiente : de nature, ils ont les meilleurs yeux du monde ; et le métier rend leur vue plus perçante. Un peuple de pêcheurs, de matelots et de petits fermiers, qui dépendent de quelques gros marchands. En Norvège, point de noblesse : un petit nombre de parens riches, et une foule de cousins en médiocrité. De la brusquerie ; peu de tendresse. De gros os et des muscles à toute épreuve, métal de gabier qui n'a pas de paille ; beaucoup de froideur et d'obstination ; de la constance ; des cœurs fidèles, enfin les vertus de la solidité, mais rien de puissant ni de chaud, qui jaillisse de l'âme. Hommes taciturnes le plus souvent, avec les éclats violens d'une joie brusque ; un long silence et, quand il est rompu, beaucoup de bruit. Un quant à soi qui touche à la grossièreté, et qui serait offensant pour le voisin, s'il n'en rendait pas l'offense. Les femmes n'en sont pas exemptes ; de là, cet air de raideur et de tourner le dos aux gens, qu'elles ont volontiers. Comme tout le monde sait lire et signer son nom au bas des comptes qu'il sait dresser, un caractère de ce peuple est un certain air de savant qui n'ignore pas, par exemple, que la terre tourne, et qui s'imagine savoir comment. Cette sorte de triomphe dans les matières de l'école primaire donne à beaucoup de Scandinaves une assurance ingénue, une haute mine de gens à qui l'on n'en fait pas accroire ; les femmes y excellent. La suffisance de l'esprit, la plus piteuse de toutes, est la plus sans pitié. Il n'est pas croyable ce que la femme qui sait lire s'estime au prix de l'homme qui ne sait qu'épeler. Voilà où se réduit, le plus souvent, la supériorité intellectuelle. Elle est la meilleure école de l'amour-propre.

Pendant dix siècles, ce pays fut à peine moins étranger à l'Europe que la Laponie ou l'Islande. Les mœurs y furent celles des clans, jaloux les uns des autres ; nulle unité ; ni le sens de l'État, ni l'audace d'une pensée originale ; point d'art : car la Cité est le premier étage du bel ordre où l'église de l'art se fonde. Et, malgré tout, une manière de génie moral : ces villages lisaient la Bible ; l'on y était théologien, raffiné en règles de conduite, comme à Athènes ou en France on put l'être en beau langage. L'inclination naturelle des Normands aux cas de conscience, en pays réformés, de tous les laïcs a fait des docteurs en théologie. Le goût des procès est la forme goguenarde, le goût de la procédure morale et de la casuistique la forme grave du même tempérament. Le drame où les idées plaident les unes contre les autres, où les grands partis de la conscience sont aux prises, devait bien tenir son poète de cette race disputeuse, et qui n'aime pas les idées pour elles-mêmes, mais par les voies où elles font entrer les lois et la conduite. Corneille aussi a mis les débats de la politique sur le théâtre. Depuis, et même sur la scène française, on trouve partout plus d'avocats que de héros ; mais dans Ibsen seulement les causes sont vivantes.

Solitude. — Ibsen est né ardent, violent, sensuel et passionné. C'est la force des grands artistes, dans le Nord, que violence, ardeur, passion, ils ne peuvent s'y livrer. À tous les torrens de l'âme, les mœurs opposent une digue rigide. Le flot se creuse un lit ; presque toujours l'eau croupit ; ce n'est plus qu'une mare. Mais, parfois, un large fleuve s'amasse ; il sait se donner cours, et la puissante inondation se prépare.

L'ardeur de l'homme dort et se concentre. Le silence est la matrice où la passion prend forme. L'avortement est innombrable ; mais, quand la gestation heureuse arrive au terme, il en sort une créature vraiment grande. Les peuples qui jouissent de la vie en dilapident la joie : c'est un or qu'ils prodiguent. Les gestes et les paroles de la foule épuisent le fonds commun : il n'est plus réservé, par droit d'aînesse, à la fortune de quelques maîtres. Le peuple du Nord, qui se tait et fait son épargne pendant mille ans, la lègue à un seul homme. Quel réveil et quelle action ! Quelle solitude, aussi ! Qui comprendra cet homme ? Dans le Midi, les peuples valent mieux que leurs héros, peut-être ; ces foules sont belles, éloquentes, héroïques. Ils sont plus avancés dans le bonheur et la perfection, qui pour l'usage commun ont nom : médiocrité. Dans le Nord, un seul homme, de temps en temps, confisque le trésor et vit pour tous les autres : *Humanum paucis vivit genus*.

Combien cet homme est seul, et qu'il doit m'être cher, par là, dès que je l'ai connu ! Ibsen a longtemps erré en exil, comme Dante ; mais, l'un ou l'autre, qu'auraient-ils fait dans leur pays ? Ils étaient bannis de naissance. Et Ibsen un peu plus encore, homme à se bannir. Ses livres mêmes ne le rapatrient pas. La langue littéraire de la Norvège diffère beaucoup de la langue parlée : le norvégien d'Ibsen n'est que le pur danois. Sa langue passe pour la plus belle de la littérature Scandinave ; elle est brève, forte, précise ; tendue à l'excès, et d'une trempe métallique ; elle abonde en ellipses, en raccourcis rapides ; mais elle est aussi claire et aussi harmonieuse que le danois puisse l'être. Si loin que soit l'Italie de la Norvège, le style d'Ibsen me rappelle celui de Dante ; ce n'est qu'une impression ; et je sens assez tout ce qu'on y pourrait opposer. Mais, dans les deux poètes, que d'ailleurs tant de traits séparent, il y a la même volonté de tout dire en peu de mots ; le même ton âpre, la même violence à bafouer ; la même force à tirer des vengeances éternelles. Dante, toutefois, sculpte dans le bronze ; et Ibsen, dans la glace. La forme de Dante est la plus ardente et la plus belle, ailée de feu et de passions ; la forme d'Ibsen, bien plus roide, est la plus lourde d'idées et qui va le plus loin dans la caverne où nos pensées s'enveloppent d'ombre. La solitude d'Ibsen s'en accroît : l'artiste, en Norvège comme en France, est un homme qui ne parle jamais que pour le petit nombre : c'est l'effet d'une langue littéraire, quand l'utile le cède à la beauté.

Il n'y a de société sincère qu'entre ceux qui parlent également mal leur langue. Quant aux autres, chacun ne la parle bien que pour soi. Il n'est pas de beau style commun à deux hommes ; comme la grandeur même, le style fait la prison[6].

Rhétorique du Nord. — Il y a quelquefois dans Ibsen un rhéteur, qu'on s'étonne d'y voir.

Par tout le Nord, il règne une rhétorique d'esprit, qui répond à la rhétorique de mots en faveur au Midi. Celle-ci se moque de celle-là ; mais l'une vaut bien l'autre. On est rhéteur d'idées comme on est rhéteur de phrases ; comme on bâtit sur de grands mots vides, on fait sur de hautes pensées ; mais la fabrique, ici et là, n'est pas moins vaine. Les personnages d'Ibsen s'enivrent de principes, comme ceux de Hugo d'antithèses. Si Ibsen n'était pas un grand peintre de portraits, il semblerait bien faux ; on ne croirait pas à la vérité de la peinture, si l'on n'y sentait la vie des modèles. Les rhéteurs de morale sont les pires de tous ; car ils sont crus. C'est pourquoi la sincérité dont le Nord se vante est souvent si fausse. Là-haut, ils se font un intérêt de l'intelligence ou de la morale, et c'est ce qu'ils appellent l'idéal. Ces hommes et ces femmes, à tout propos, revendiquent le droit de vivre, d'être libre, de savoir et d'agir : c'est, dans l'ordre de l'intelligence, la même rhétorique que celle des démagogues dans l'ordre de la politique. Au soleil, ces révoltes de la neige passent pour ridicules et sans raison. Et, sous la neige, c'est l'éloquence du soleil qui passe pour inféconde et très creuse. Il faut toujours qu'un bord du monde tourne le dos à l'autre, pour se croire seul du bon côté, et qu'une partie de la terre se rie de l'autre partie, pour se prendre elle-même au sérieux. Chacun s'estime davantage de ce qu'il mésestime.

L'abus de la conscience et du libre esprit n'est qu'une rhétorique. Toute éloquence qui se prend elle-même pour une fin n'a ni force ni preuve.

La vie n'a pas plus de temps à perdre aux bons mots qui ne finissent pas, qu'aux actes désordonnés d'une conscience qui prétend à la nouveauté, et se révéler nouvelle à soi-même tous les matins.

Excès de conscience, manque de conscience. À force de scrupules, on agit aussi mal que faute de scrupules. Quant à celui qui agit pour agir, il ne se distingue en rien de celui qui ne parle que pour parler. Les gens du Nord, s'ils le savaient, s'en feraient peut-être plus modestes.

Ni la conscience, ni l'action, ni le discours ne sont des panacées à tous les maux humains : car là, comme ailleurs, c'est le sens propre, presque toujours, qui seul s'exerce. J'entends que l'égoïsme ait de bonnes raisons pour lui-même, et lui seulement. Mais il ne faut pas que l'égoïste se prenne pour un principe, et se donne pour un exemple.

Qu'on rejette tout l'ordre de la Cité, soit ; mais, le faisant, qu'on ne s'imagine pas d'être le bon citoyen ni l'espoir de la Cité nouvelle. C'est mal se connaître ; c'est être dupe ; et bien pis que de duper. Les plus grands rebelles, qui font dans l'État la meilleure des révolutions, ne doivent point prétendre à fonder le nouvel ordre sur les bases du bien et de la vérité. Ou, s'ils l'osent, et même sans parler de vérité absolue, il y a de quoi sourire.

Il n'est pas sûr que la meilleure révolution ne soit pas aussi la pire. Elle est nouvelle, c'est ce qu'elle a de bon. Mais les héros de morale ne l'entendent pas ainsi. Ils sont sûrs d'avoir raison, jusqu'au délire.

On parle magnifiquement de la conscience, et on oublie de se dire qu'on ne pense peut-être qu'à soi. Il y a pis : on l'ignore. La jeune Norah, pour donner une leçon de respect à son mari, se rend à peu près trois fois infanticide. La rhétorique de Médée n'enseigne pas, du moins, la morale aux femmes mécontentes. Voilà bien les rhéteurs d'idées : à les en croire, ils ne visent que le droit de tous les hommes, la vie, l'honneur, le droit des femmes, le droit de la conscience. Et, au bout du compte, c'est un homme qui a mal au foie, ou qui a été trompé dans son ménage ; une femme qui s'ennuie à la maison, et qui veut voir du pays.

Quelle rage de s'en prendre aux lois et aux idées ? Elles ne sont que la forme de la vie. Dans le fond, il n'y a que des passions. Mais personne n'ose le dire, ni surtout qu'on les veut sans frein. Ibsen a eu cette audace, à la fin, lui pourtant qui n'avait reçu de son temps et de son pays qu'une foule insupportable de masques, de principes, de passions voilées, méconnaissables à elles-mêmes.

Les formes et les lois ne sont que les freins, mis aux passions d'un seul par l'intérêt de tous les autres. Quelle folie de tant prêter d'importance aux modes changeans de la vie humaine, et si peu à la nature et aux appétits incoercibles des hommes ! On bavarde à l'infini là-dessus dans le Nord, — et bien trop gravement. On ne vous y tue pas un homme pour une pomme, — mais pour un principe.

II. — IMAGE D'IBSEN

On doit rendre à Ibsen l'hommage de sa solitude. Qu'il soit unique, puisqu'il est seul.

Il est bien vrai : rien ne nous importe que ce qu'il y a de plus grand. Ibsen compte seul à nos yeux, de tous les Scandinaves. Il n'y a pas de place pour nous en France, disait l'un d'eux[Z]. Mais il n'y a pas eu place pour Ibsen en

Norvège, ni ailleurs. On lui donne parfois un rival : il ne peut l'être qu'à Berlin[8].

Ibsen s'étonne de ceux qui le font d'une école. S'il est réaliste, il leur montre *Solness,* ce rêve de la pensée enfoncée en soi-même. S'il est mystique, il leur fait voir *Maison de Poupée* ou *l'Ennemi du peuple,* ces peintures cruelles de la vie. Il y a deux hommes en lui, qui sont les deux termes du long débat entre le moi et le monde : un créateur et un critique. Tout ce qu'il voit de solide autour de lui, de bâti par les siècles, il le renverse. Tout ce qu'il élève lui-même, il le détruit. Son art oscille entre les deux pôles de la nature et du rêve. Nul poète, par-là, n'est plus de ce siècle : il crée en dépit de tout, — et seulement en vertu de lui-même.

Ibsen, qui sait le bonheur de créer, peut à la rigueur montrer le mépris de penser. La vie implique infiniment plus d'idées que tous les esprits ensemble. La vie a des pensées que la pensée n'a pas. Les idées du grand poète tendent de plus en plus à prendre la qualité d'êtres vivans. Le symbole est une idée qui a reçu le souffle divin ; elle est rachetée de sa condition inférieure ; elle a fait le grand pas ; elle a pris l'être. C'est dans Ibsen que je dis ; car, dans les poètes sans force, il est constant que c'est tout le contraire. Ils humilient la vie jusqu'à la mort ; ils ravalent un être vivant à une idée générale : comme si un mot valait jamais un homme.

Entre tous les poètes, Ibsen est le seul Rêveur, depuis Shakspeare. Tous les poètes tragiques sont réalistes, sous peine de n'être pas. La scène française est unique par la continuité : c'est que tous les bons auteurs y ont été les peintres fidèles des mœurs et de la vie. Le théâtre de la France est l'école sans fin de la morale, de la politique, le miroir des lois et des coutumes, une imitation qui n'a pas sa pareille des sentimens communs à tout un peuple, des plus bas aux plus héroïques. Un admirable génie s'y applique à la connaissance de l'homme moyen. La France est la moyenne humaine entre toutes les races, tous les âges, toutes les nations. Une éloquence partout répandue, comme l'esprit même, dont elle est la forme publique ; une exquise finesse ; une vue des caractères qu'on ne trompe pas, sagace et sans détours ; une doctrine large, sans roideur, sociable comme la vie en commun est forcée de l'être ; un divorce éternel entre les objets du cœur et les objets de l'esprit, qui est proprement la méthode universelle de toute science ; un goût décidé du bonheur et de la juste raison, un penchant à les confondre, le parti pris d'y croire et d'y convier tous les hommes ; une expérience des mœurs et des passions qui rend indulgent à toutes ; une verve d'ironie ou d'honneur, selon qu'on se moque des hommes ou qu'on y a une foi inébranlable : voilà ce qu'on trouve sur la scène française, comme partout en France. L'intelligence et la raison y règnent absolument, et la fleur de l'esprit les tempère. Quand elles font défaut à un auteur, il ne lui reste guère rien. Si les autres peuples n'ont point de théâtre, c'est faute du génie réaliste ; mais pourquoi, sinon que le commun de la vie y a trop peu de charme ? Où sont l'éloquence et l'esprit, ces deux mamelles du dialogue ? Chacun dort chez soi, ou boit, ou dispute, ou prie. Pour tout dire d'un mot, l'art ne commence là-bas qu'avec la poésie. On ne verra point un théâtre illustre dans la suite des siècles ; mais, au milieu du désert, dans l'oasis de deux ou trois saisons, un grand poète et un seul. Ainsi les cent petits peintres de la Hollande, qu'on ne peut estimer trop, artisans impeccables ; et le seul Rembrandt qui, d'un génie unique, tient tête aux cent artistes de l'Italie. Ou bien, ce prodige de Shakspeare. Combien Ibsen semble plus grand de faire penser à Rembrandt ! Il a de sa couleur.

Manque d'être réalistes, Ibsen ni Rembrandt ne seraient point de si grands poètes, ni surtout si tragiques. Mais, s'ils n'étaient pas les poètes qu'ils sont, bien moins encore seraient-ils de grands artistes. Par ces climats, à la vérité, le grand artiste est d'abord un Visionnaire. Seule, la vision sert le rêve, accorde, pour la beauté, les dissonances de la poésie et de la vie. Seul, le rêve les fiance ; dans la vision seule, ils s'épousent et se réconcilient.

La Vision est un palais, aux étages de clartés et de brumes, mais qui a des fondemens indestructibles dans les entrailles de la terre. Si l'on veut, le nom de vérité convient aux caves et aux vastes salles de plain-pied avec la ville humaine ; et l'on donnera le nom du symbole aux autres étages, aux fenêtres ouvertes sur les nuées, et aux tours dont on ne voit pas le faîte. Mais le poète est le maître unique de la maison ; et, sans se soucier du lieu où on le place, il va et vient dans la demeure : il dort dans une chambre, il veille dans une autre ; quand il lui plaît, couché au fond de la cour, il ne regarde que les fantômes du brouillard sur les combles ; ou, perdu au haut de la tour, il se penche en dehors, pour voir au-dessous passer la foule.

Parfois, l'on est tenté de croire que plus grand est le poète, et plus il est réaliste ; mais ce n'est aussi qu'un mot. Il arrive que la plupart des poètes ne peuvent pas être vrais, et que la plupart des réalistes n'ont pas de poésie. C'est pourquoi le poète tragique est si rare. Il le sera de plus en plus : parce que la vie, de plus en plus, est laide, commune, de moins en moins héroïque. On peut passer sur l'obstacle : plus fréquent, toutefois, et plus abrupt, il se fait plus difficile. Peut-être, même en France, même à Paris, faudra-t-il bientôt au poète tragique le même don étrange de vision qu'à Christiania ou à Londres. Après tout, c'est une maladie. Mais quoi ? au-delà d'un certain point, il faut être pris pour le malade qu'on est, ou convenir qu'on ne peut plus être malade.

Qui nous fera la vie belle ? Qui nous rendra la lumière ? Ibsen est digne des Grecs, sans en presque rien tenir, en ce qu'il cherche la lumière au fond même de l'ombre, et un air de beauté dans ce miroir de toute laideur, — la vie réelle. Des idées passionnées, voilà sa ressource et en quelque sorte son Olympe. Il les jette les unes contre les autres ; et presque toujours il condamne la plus noble et la plus pure. Il la frappe en l'aimant. Il la sacrifie à ce qu'il méprise et qu'il déteste. Par là, cette misérable vie de petits bourgeois dans les villages polaires se fait belle. Ibsen a la poésie de la défaite, et les beautés austères de la mort. Aussi bien c'est la mort, la vieille nourrice de la beauté tragique. Les Grecs ne cessent pas de tuer : comme les enfans, ils cultivent l'épouvante. Dans la mort, nous cultivons la douleur. Quel abîme de différence !

Je trouve Ibsen bien plus beau et plus poète dans ses tragédies bourgeoises que dans ses drames antiques ou ses poèmes. C'est qu'il y rêve avec plus de force. Il fallait un rêve ardent pour donner la vie aux idées de ces petites gens, presque tous mornes, bouffons, plats et bas sur pattes. Les idées ne vivent que passionnées ; et ces petites gens n'ont pas de passions. Bon gré mal gré, le génie d'Ibsen leur en inculque : telle est l'opération du rêve. Le grand poète est celui qui peut dire : « Mon rêve est plus vrai que votre vérité. C'est une vérité qui dure. » Quel créateur n'a pas l'appétit de la durée, et de prolonger son œuvre dans le temps ? Le rêve médite profondément la vie ; la réalité en sort plus réelle. Il était fatal qu'Ibsen devînt son propre sujet de drame ; il en a fait son chef-d'œuvre, l'ayant pris d'une âme si forte et d'un geste si libre. Quand il n'était encore que peintre réaliste[9], il n'avait pas rendu la vie à la réalité ; et quand il n'était que poète[10], la force durable de ce qui vit lui échappait encore. Puis le jour est venu où, de la vision, il a fait naître les types, ces êtres plus vivans que les vivans. Le don suprême est celui-là. Le poète ajoute alors visiblement à la nature. À la fin, il a tiré du rêve sa propre image : comment aurait-il pu consentir à l'y laisser ? C'était le moins qu'il se créât lui-même.

La scène est un lieu misérable et sublime, où l'esprit de l'homme invite à la beauté de vivre sa pensée propre et la chaude guenille des comédiens. Ibsen n'oublie pas à qui il a affaire. En général, il ne cherche point la beauté dans l'action ; les événemens de son drame sont d'une espèce assez vulgaire ; il présente une image grossière des faits ; une allégorie matérielle figure le sens caché : un canard blessé, un poulailler sous les toits, un architecte qui tombe de son échafaudage, il n'en faut pas plus pour vêtir de chair les idées les plus complexes et une passion héroïque. Ce mystère grossier lui suffit, parce qu'il doit suffire au public et aux acteurs de la comédie. En eux, et peut-être en lui-même, Ibsen dédaigne insolemment sa matière. Il réserve sa puissance et sa poésie aux sentimens que les idées engendrent. Sa manière propre est de rendre les faits vulgaires capables de son idée, qui est toujours rare et forte. Le théâtre d'Ibsen n'a qu'un intérêt assez médiocre, si l'on s'en tient à la péripétie : la vie puissante est au dedans. Rien n'est plus décevant pour la foule, elle va droit aux faits et ne se soucie pas du reste ; elle ne sait plus à quoi s'en prendre, car le caprice même de l'auteur est sans éclat, et pourtant elle soupçonne une beauté secrète ; elle pressent ce qu'on lui cache, une force admirable et même une fantaisie profonde dans la vérité ; et elle s'en irrite : Ibsen, cependant, l'a traitée comme il fallait, se bornant à lui rendre la matière qu'il en avait prise.

Vie. Exil. — La vie d'Ibsen est simple, sans événemens, et ne prête pas à l'anecdote. Une vie pareille à beaucoup d'autres, la solitude exceptée. Mêlée d'abord à la vie de tout le monde, bientôt elle n'a plus rien de public. Une jeunesse pleine d'espoir, qui s'en va à la conquête du peuple. Une défaite qui ne ménage rien, ni l'orgueil, ni la conscience, ni les moyens nécessaires à la vie. Un âge mûr plein de travaux, qui naissent dans la retraite, et une vieillesse, riche en gloire et en biens solides. De bonne heure, une habitude prise pour toujours de ne plus rien donner de soi au public, que les œuvres de l'esprit.

La famille d'Ibsen est d'origine danoise. Établis en Norvège, les Ibsen se sont mariés dans le pays ; plusieurs femmes de la maison étaient pourtant des Allemandes. Il a eu de bons parens et la fortune mauvaise, à l'entrée de la vie. Sa famille était riche ; elle a connu les revers et le malheur d'être pauvre. Il a perdu son père assez tôt : c'était un armateur hardi, un homme gai, vivant, et fait pour la victoire ; il ne survécut pas à sa ruine. Ibsen a été élevé par sa mère, femme de grand sens et de vertu rigide. Il avait des frères et des sœurs ; il se tenait à l'écart, et ne prenait aucune part à leurs jeux. Il passe pour avoir toujours haï les exercices du corps. Enfant, il était brusque, nerveux, brillant quelquefois, et le plus souvent taciturne. Jeune homme, il a dû gagner son pain, et le moyen de faire ses études. Il a tenu le pilon dans une pharmacie. Plus tard, à Christiania et à Bergen, il a écrit dans un journal révolutionnaire, et dirigé deux théâtres. Il a donc vécu dans les deux cercles de l'enfer dédiés au mensonge : toutefois, comme le mensonge est la première nature des comédiens, ils y sont bien plus sincères ; et il s'en faut que le poison de mentir ait la même innocence dans les journalistes.

L'épreuve de la misère, bien ou mal, forme le caractère d'un homme. Il s'en fait plus sensible à la joie, qu'il appelle, et à la douleur ou la colère, qui ne le quittent plus. Il arrive que, pour avoir souffert trop tôt, un homme porte au fond de l'âme un sens de la souffrance, qui finit par créer les occasions de souffrir. Du reste, presque toutes les âmes puissantes sont douloureuses. Le plaisir de vivre n'est qu'un incident : il n'a pas de profondeur.

Ibsen a éprouvé le dégoût de n'être pas à son rang ; son orgueil a grandi dans l'humiliation. Il a bien fait plus que de prendre ses grades ; il a dû conquérir le droit d'y prétendre. C'est sans doute pourquoi il tient beaucoup à son titre de docteur[11]. Il a cru dompter son pays et son temps, dans l'allégresse de la première victoire, quand le sentiment de sa force et l'ivresse de l'intelligence donnent au jeune homme cette confiance en soi et dans tout l'univers, qui est une folie d'amour. On s'aime tant d'être comme on est, qu'on croit avoir la même raison d'aimer les autres. Et peut-être les chérit-on, en effet ; dans le bonheur qu'on a de les conquérir, on leur étend sa propre excellence ; on s'assure de les convaincre ; on ne doute pas d'eux, parce qu'il semble certain qu'ils se laissent gagner ; et, comme on se sent plus haut qu'eux, on les aime davantage, on les bénit d'être assez bas pour se laisser élever. Pour eux, ils n'ont pas l'air d'en rien savoir ; et l'on s'aperçoit enfin de leur indifférence. C'est le moment où elle tourne en hostilité. Tel est l'aveuglement de celui qui compte sur son intelligence, et qui lui prête une action décisive sur la vie des autres. Sans cesse, l'esprit d'un homme fonde une immense espérance sur le cœur des autres hommes ; mais sans leur donner du sien. Les hommes, comme les chiens et les enfans, ont l'instinct de ceux qui les aiment. Il est bien vrai qu'une grande pensée ne juge pas nécessaire de mieux faire pour le genre humain que pour elle-même. L'intelligence seule repousse avec dédain l'idée du sacrifice : or, la plupart des vivans n'attend rien de l'homme supérieur, qu'une immolation ou des services.

Ibsen avait offert trois ou quatre pièces de théâtre à son public : les unes n'eurent pas de succès ; les autres firent scandale. Il avait beau se défendre : il vit qu'il lui fallait demeurer obscur, ou perdre ses forces dans un combat misérable contre les sots, et une nuée d'absurdes ennemis. Comment se résigner à une telle lutte, quand on ne voudrait même pas de la victoire à un tel prix ? — Que faire, d'ailleurs, contre tout un peuple injuste, quand on ne veut pas être le bateleur de ses pensées, ni servir la parade de son propre génie ? Valent-ils donc la peine qu'on cesse d'être libre ? Ils haïssent jusqu'à la beauté, jusqu'à la liberté que l'on rêve pour eux. Bien pis, ils ne sont pas en état de les comprendre. A quoi bon tant d'efforts inutiles ? Ne meurt-on pas de faim aussi aisément partout ? — Le plus intelligent des poètes devait en être le plus amer et le plus dur. A près de quarante ans, il s'est vu aussi pauvre, aussi seul et sans joie dans toute sa richesse pensante que, trente années plus tôt, l'avait été son père, le soir de sa ruine. Il a fait comme Dante et le prophète : il est sorti de la ville ; il a pris la route de l'exil, secouant la poussière de ses sandales sur son peuple, et, d'abord, sur ses amis.

Il a connu la faim, le mépris des plus forts et du public. Comme il a beaucoup aimé la victoire, et le rêve de la puissance, il a beaucoup souffert de la défaite, et il en a ressenti l'outrage. Il y a pris une haute idée de son génie, ayant mesuré à quoi le génie condamne. Quand il s'exile, il ne laisse dans son pays que l'amertume d'une vie détruite[12].

Depuis près de trente ans, il n'avait pas cessé d'errer, vivant en Italie et en Allemagne, tantôt à Ischia, tantôt à Munich, et le plus souvent à Rome. Il quitta Rome, comme les Italiens y entrèrent. « On vient de nous enlever Rome, à nous autres hommes, écrivait-il, pour la livrer aux faiseurs de politique. Où aller maintenant ? Rome était le seul lieu où vivre en Europe, le seul où l'on eût la vraie liberté, qui échappât à la tyrannie des libertés publiques[13]. » Quand la troupe de Meiningen eut commencé de le rendre célèbre, il fut loué dans son pays ; il y fit d'abord quelques courtes visites ; puis, l'Europe ne lui parut plus valoir beaucoup mieux que la Norvège. Il y rentra donc, en 1891, pour ne plus la quitter. Il allait avoir soixante-cinq ans. Il faut bien mourir quelque part. Et s'y prendre un peu à l'avance. Ainsi l'on prend ses quartiers d'angoisse.

Secrets de la puissance. — Ibsen paraît avoir passé cinquante ans de sa vie à nourrir la force de son grand âge. Il n'y a peut-être pas un autre poète qui n'ait vu tout son génie que dans la vieillesse. Coup sur coup, Ibsen sexagénaire a donné ses chefs-d'œuvre : d'abord, un drame chaque année ; puis, tous les deux ans. Ce fut sa règle pendant vingt années. Sans doute, il avait autrefois conçu et à demi créé ce qu'il mettait alors au monde. Quoi qu'il en soit, on aime à se faire d'Ibsen l'idée d'un vieil homme puissant. Du reste, quel homme vraiment grand n'est pas plus beau dans son âge mûr, et la vieillesse ? — On dirait même qu'il y est plus robuste, et que l'âme n'a toute sa force qu'après cinquante ans.

J'imagine le véritable Ibsen, l'homme secret, celui qui cache son cœur, sous les traits les plus violens et les plus rares, comme le Vieux de la Montagne aux Idées. Lui aussi, il a sa troupe de disciples, qu'il enivre de doctrine, et qu'il envoie méfaire ailleurs et, Dieu soit loué, s'y faire pendre.

Si l'on regarde au fond de ce solitaire, sous une triple cuirasse de froideur indulgente, d'ordre poussé jusqu'aux minuties, et de politesse, il y a, d'abord, l'amour ardent de la vie, et l'instinct de la domination. Ces deux passions s'assemblent, comme le tenon et la mortaise. Un appétit insatiable de la vérité tantôt s'y oppose, et tantôt y sert de levier. En ce sens, et pour qui veut la puissance, la vie n'est pas toujours ce qu'on a de plus cher. La liberté n'est qu'une belle raison, et la volonté dominatrice la donne à tous ceux qu'elle veut dominer. Agir en liberté, c'est ce qui vaut le mieux ; mais autant dire : agir selon son bon plaisir ; fais ce qui te plaît le mieux, à la condition que ce soit l'œuvre à quoi tu es le mieux fait toi-même. Et, par conséquent, si le désir de la fuite est si joyeux en toi, petite fille, écrase en traîneau ton vieux père sur la route : il n'en saura rien, ni toi non plus ; la nuit est belle ; la neige est solide ; la glace est bonne ; tu glisses à toute vitesse et tu passes. Les hommes non communs agissent hors du commun ordre, et n'ont pas besoin de raisons. Trahir une grande force, c'est le plus grand crime. Il faut donc vouloir, il faut oser être soi-même. Quiconque doute de soi n'est pas digne de se faire croire. Le doute est la faiblesse même. Croire à sa propre vérité, pour que les autres y croient ; et de même à son droit, à son autorité, à sa force. Qui a une œuvre à faire ne doit s'arrêter à rien. La force et la volonté du plus fort imposent à la foule ce qu'elle ne peut jamais comprendre. Font partie de la foule tous ceux qui ne servent pas, corps et âme, à l'œuvre proposée. Nul lien avec les autres : rien n'est plus amer que de n'être pas compris ; mais l'essentiel n'est pas qu'on me comprenne : c'est qu'on m'aide. Si mon ami ne croit pas en moi, je n'ai que faire de mon ami ; je n'ai plus besoin de lui ; il m'importune ; et qu'il n'invoque pas sa vérité contre ma vérité : je n'en connais qu'une, — la mienne ; que la sienne s'y ajuste : savoir tromper, c'est en quoi l'amitié consiste. Sur le point de céder aux femmes, il faut savoir se soustraire à leur fatale mollesse, et fuir Capoue. Leur éternelle exigence, leur requête d'amour est le piège où trébuchent les meilleurs hommes. Pour elles, rien au monde ne prévaut sur les droits du cœur ; et non pas même du cœur, comme l'entend un homme, — mais de leur cœur. Tout ne compte à leurs yeux qu'au regard de la famille ; tandis que l'homme, fait pour dominer, ne se soucie point de toutes ces affaires domestiques, et dit de son propre fils : il est un étranger pour moi, je suis un étranger pour lui. Qu'on soit d'abord à l'abri de ces molles influences, de cette pluie patiente qui vient à bout du granit. Les femmes nous gâtent l'existence ; elles nous font perdre de notre prise sur le monde ; elles brisent nos destinées ; elles nous dérobent la victoire : telle est la sentence d'un grand vaincu, qui aurait pu vaincre.

Un tel homme est presque toujours seul. Là-haut, dans sa chambre, il va et vient comme un loup malade. Et, quand il sort, s'il lui arrive de se mêler à la foule, il ne rencontre que les symboles du deuil, de la défaite et de la mort. Même si elle connaît le succès, on étouffe dans cette vie. On ne peut plaindre celui qui ne veut pas être plaint ; peut-être on l'envie. Mais lui, qui ose tout d'abord, n'a pas l'âme si dure qu'il ne souffre ; car la passion du pouvoir trompe toujours : qui, aimant la puissance, sera rassasié de puissance ? On a, près de soi, pour compagne de lit, la seule force toute-puissante, la garde-malade voilée qui veille même les mieux portans : la mort. Voilà pourquoi cet homme n'aime pas la campagne. La ville emporte tout dans une rumeur de mouvement. À la campagne, on ne s'abuse plus guère : à cause de ce terrible silence. On y entend marcher le temps. On y écoute tomber ses pensées ; et c'est entre les mains de la mort que coule tout ce sable. Cinquante ans, cinquante minutes au sablier.

Ibsen n'est pas aimé. On l'admire. Il ne sera jamais cher qu'aux puissans qui sont tristes ; et à ceux qui voient le monde dans la lumière étrange du crépuscule, sans être sûrs de ne pas faire un songe à la fois trop frêle et trop solide, terrible et bouffon, odieux et pitoyable.

Avant d'en venir là, Ibsen a eu tant de confiance et d'orgueil qu'ils suffisaient à beaucoup de bonheur encore. L'homme de foi n'est jamais tout à fait mort en lui. Il s'est reconnu pessimiste en ce qu'il ne croit pas à la durée éternelle d'un idéal quel qu'il soit ; mais optimiste en ce qu'il croit possible de faire succéder un idéal à un autre, en s'élevant même de ce qui est moins parfait à ce qui l'est le plus. Jusqu'en ses derniers temps, Ibsen n'a jamais été sans un idéal ou deux, ou même trois[14]. C'est plus tard qu'il a vu qu'on ne les trouve pas si aisément ; et qu'ayant perdu cette lumière, il n'y a plus qu'à s'en aller dans la nuit noire.

Il n'y a point de pensée si amère, ni de vie si désenchantée qui ne fassent encore à l'homme des promesses admirables, s'il garde intacte la foi à sa propre vertu, et l'espoir d'y faire parvenir le monde par les voies de la pureté morale. La conscience d'être pur est à l'âme ce qu'une source d'eau, ouverte au flanc d'un glacier, est au voyageur épuisé de soif et de fatigue, par un midi d'été, au cours d'une ascension dans les Alpes. La pureté morale fait l'âme vigoureuse et libre ; elle appelle son désir « un bain purifiant. » L'homme alors ne doute pas de lui-même. Bien loin d'être incurable en secret, il porte le remède aux autres ; s'il se plaint, c'est de ne pouvoir faire tout le bien qu'il voulait ; au total, telle est son espérance, qu'il lui faut seulement être libre d'agir pour être sûr d'abonder en actions parfaites. Il se sent une vigueur irrésistible ; il se trouve le plus près de son Dieu et de soi-même. La pureté morale suffit à tout. Il n'est bonheur qu'elle ne supplée. Ibsen en exil, tournant le dos à sa patrie, ne compte plus sur la victoire, et consent à s'en passer. De cœur altier comme il est, et d'âme impérieuse, il sait bien qu'il lui faut dire adieu à la fortune : peu importe. Que son cœur se pétrifie, au besoin ; désormais, il est homme à se tirer d'affaire ; il a fini sa vie de plaine, il s'est établi sur les hauteurs, « en liberté et devant Dieu[15]. » Il se croit sorti des passions et de leur guerre cruelle. Comme on doit s'y attendre avec les âmes pures, qui ne sont point saintes, l'orgueil est une forte puissance. La pureté morale fait ainsi une chaude matrice à l'amour-propre. Elle juge de bien haut tous ceux qui lui semblent moins dignes. Les purs, qui croient ne devoir qu'à soi toute leur pureté, n'ont aucune charité. Ils peuvent être durs, ils sont sans remords. Ils jouissent curieusement de mépriser les autres. « En bas, les autres, et à tâtons, » dit Ibsen. Et même, s'il est trop haut pour eux, si tous les liens sont rompus entre lui et les autres, peut-être en souffre-t-il moins qu'en secret il ne s'en vante.

L'âme d'Ibsen a presque toujours été d'une pureté glaciale. Il est unique par-là entre tous les poètes ; car il n'ignore pas les passions : tant s'en faut, qu'il va bien au fond.

III. — IBSEN OU LE MOI

Les idées sont tragiques. Les idées sont émouvantes. Les idées sont pleines de passion. Les idées sont plus vivantes que la foule des hommes. Mais à une condition : que ce soient les idées d'un artiste, et qu'elles s'agitent dans un moi vivant. Faute de quoi, elles ne sont que science, et squelette comme la science. La vie des idées doit tout à celle de l'individu. Un art ne saurait pas vivre d'idées, seulement ; il faut qu'un artiste y prodigue de sa vie propre, et donne vraiment le jour aux idées pour qu'elles soient vivantes.

La vie est le don propre de l'artiste. Il peut y avoir des poètes tant qu'on voudra, de belles idées, de nobles formes : la vie seule est la marque de l'art. Où il y a un homme vivant, il y a une œuvre d'art. Le don de la vie est infiniment au-dessus de tous les autres. Rien dans l'homme ne va plus haut : c'est qu'il n'y est pour rien, et proprement sa faculté divine.

La tristesse d'Ibsen est celle de l'idée vivante. Sa sombre humeur vient de ce qu'il met sa vie dans ce qu'il pense. C'est le plus intelligent des poètes ; mais il a bien plus que de l'intelligence ; il respire la déception infinie de l'esprit qui comprend, et du cœur qui éprouve ce que l'esprit a compris. Il pourrait se réjouir, s'il n'était qu'un savant ; il a bien démonté la machine ; mais, en vertu de la vie que les idées lui ont prise, il demeure dans une tour de chagrin.

La plupart des auteurs logent au même étage que la plupart des hommes. Ils imitent ce qu'ils voient et ce qu'ils touchent ; le fond leur échappe, qui est la vie. Je vois ici la pierre de touche à juger de l'imitation : qu'on prenne les termes mêmes de ce qu'on imite, on en est le maître si l'on y met la vie. Le commun des anarchistes se donne soi-même, et chacun de son côté, pour la règle du monde ; le commun des auteurs peut aussi prétendre à mettre les idées sur le théâtre. Ils oublient qu'Ibsen en fait des êtres vivans. Il faut avoir l'étoffe : c'est le moi. Beaucoup l'invoquent, qui n'en ont pas. Ibsen ne pousse pas sur la scène des comédiens grimés en idées. Il va des idées aux hommes qui les portent, ou que quelque fatalité y a soumis. Il crée du dedans au dehors, au lieu d'aller du dehors au dedans. Il s'intéresse moins à ce qu'on dit qu'à ceux qui le disent. Telle est la différence de la thèse et de la tragédie. Le plus intelligent des docteurs ne fera jamais un poète tragique.

Le nombre des personnes est infiniment petit. En art, l'individu, c'est le génie. Il serait assez juste d'accorder au grand artiste qu'il a seul droit à l'individu. Tous les autres doivent accepter l'ordre ; et même tout leur mérite est de rester dans l'ordre, il me semble ; car ils ne sont pas seuls, et leur vertu est de relation à l'ensemble.

C'est parce qu'on se croit quelqu'un qu'on se rebelle contre toutes choses. Je vois la révolte en tous, et je ne vois de moi presque en personne. Elle vient des idées abstraites, la folie de croire qu'on change le fond de la vie humaine, en bouleversant les formes. Cette niaiserie, d'où sortent beaucoup de révolutions, est odieuse à l'artiste : il ne s'y plaît qu'un peu de temps. Le lionceau n'a pas toutes les dents du lion.

Ibsen est né de la critique et d'une longue réflexion ; il a eu le culte des idées ; mais il ne s'y est pas tenu, — le seul poète qui soit parti des idées pour arriver à créer des hommes. Il a fait ce que Gœthe ne sut pas faire : c'est qu'il avait encore plus d'imagination que d'intelligence. Ibsen a donc été révolutionnaire ; car la critique, c'est toujours à quelque degré la révolution, soit pour anticiper sur les temps, soit pour tâcher à les renvoyer en arrière. Mais il a bientôt connu qu'à une certaine hauteur on ne peut pas être de son parti, sans être aussi de l'autre : n'est-il pas étrange que cette élévation à la sagesse se détermine plus par le tempérament que par l'esprit ? La puissance morale d'Ibsen est celle même de son intelligence ; et c'est où reparaît l'instinct : il n'aboutit pas souvent.

Le moi qui juge est impitoyable ; il détruit tout ce qu'il touche. Rien ne trouve grâce devant lui, que le songe de la vie.

Vie des idées. — Une vue tragique de l'univers, voilà donc la forme où les idées s'animent. L'empire de la douleur est livré aux passions. Seules, les passions fécondent l'intelligence du poète ; et c'est aux passions seulement que les idées empruntent la vie. L'idée est à l'image de l'homme qui pense. Il ne s'agit point de science, certes ; mais de ce qui lui est si infiniment supérieur, notre raison d'être, ici-bas et sur l'heure.

La religion est un art de vivre ; la science en est une parodie. La science ne peut passer le seuil ; l'art est au centre de la demeure, comme le cœur. La science ne connaît pas le temps, ni les espaces en nombre infini. L'art est un connaisseur très fin de l'âme, de ses temps, et de ses espaces en nombre infini. Le palais de l'artiste repose sur un acte de foi. L'artiste connaît l'éternelle illusion ; et il fait semblant de compter sans elle. Il s'enivre de cette feinte surhumaine ; il construit pour l'éternité des demeures qu'il sait lui-même faites de fumée, et fondées sur le rêve. L'art est tout humain ; et la science est inhumaine.

Voilà en quoi une idée, à moins d'être vivante, n'est pas un objet d'art. Sinon la vie, rien ne nous importe, malheureux que nous sommes. Le premier homme, en quête de Dieu, est un artiste. La recherche de la vie a fait la religion, et non pas la crainte de la mort. Il n'est pas un seul homme qui n'ait besoin de Dieu pour vivre. Et qu'importe s'il est possible de s'en passer aux seuls esprits ? — Mais que m'importe l'esprit ? Je vis de vie, et je suis affamé d'être. La séduction de l'esprit est l'attrait irrésistible qui me pousse à ma perte. Que j'y aille donc, puisque je ne puis faire autrement ; mais qu'à tout le moins je n'ignore pas où je me précipite ; que je ne me vante pas de courir à une vie plus ample ou plus vraie, quand je descends au contraire la pente du désespoir, et d'une mort très profonde.

À moins de la religion, il n'y a que l'art seul qui permette de vivre. Je parle pour ceux qui ont un cœur vivant ; non pas pour ces estomacs faciles, qui se nourrissent de papier et s'engraissent de formules. Quel artiste désormais ne se verra point enfermé dans la souffrance, comme dans une cellule, au centre de l'univers ?

Je souffre, donc je suis : tel est le principe de l'artiste. La vie et la douleur sont les deux termes de l'être. Toutes mes idées sont vivantes et passionnées ; en elles, c'est la douleur qui met la marque. Si elles ne sont désespérées, et chaudes comme la vie même, que me font les idées ? — L'homme qui vit avec force n'a que faire des idées mortes, ce gibier de savant.

Façons d'être. — Le Nord vaut peut-être mieux pour la morale. Mais le Midi vaut mieux pour la vie.

C'est dans le Nord que l'art est un œuf d'aigle couvé par des canes. La Réforme a décidément assis la morale dans le trône du souverain. Il est curieux que, pour mieux repousser l'autorité du pontife romain, les peuples du Nord se soient soumis à une foule de papes de village. La tyrannie des principes paraît peut-être moins pesante, parce qu'elle est anonyme ; mais enfin Léon X n'avait pas si tort quand il ne voyait dans la querelle de Luther avec les légats de Rome qu'une dispute de moines : le Nord tout entier, depuis, s'est fait théologien.

La théologie des laïcs enferme les mœurs dans une étroite prison de préjugés et de pratiques. La stricte morale qui condamne toujours, et toujours par principe, telle est la redoutable puissance qui, pendant trois siècles, a réglé la vie dans les petites villes du Nord. Car la théologie des laïcs, c'est la morale.

On peut voir dans Ibsen l'ennui, l'esclavage, la misère de cœur qui s'ensuivent. Il n'y a pas trente ans, la plupart des villes scandinaves vivaient courbées sous le joug. Le pasteur, l'avis du pasteur, les bonnes œuvres du pasteur, la société des dames ouailles du pasteur, voilà une église impitoyable, qui ne connaît que des fidèles soumis ou des hérétiques : église dans une grange, où, au moindre signe d'indépendance, l'enfer est toujours prêt à flamber l'indépendant. Nul égard aux passions ; et même la violence d'un cœur sincère y est plus abominable que les crimes où il s'égare : le scandale est le péché sans rémission. Il faut rougir d'être soi-même, ou le cacher. Il faut avoir honte de sentir comme l'on sent ; mais bien plus de le montrer. Dans ces pays, que l'on prétend si libres, la moindre liberté du cœur est scandaleuse ; et le bonheur que l'on ose goûter à la source, qu'on n'a pas eu honte de découvrir soi-même loin de la fontaine commune, ce bonheur est cynique. Les meilleurs sont austères et froids, se faisant de pierre. Là, l'hypocrisie est une forme très pure de la vertu sociale. De même que l'on doit porter le costume de tout le monde, chacun a ses gants d'hypocrite vis-à-vis de tous les autres, et jusque dans son lit. Ainsi l'exige l'autorité d'une église laïque, fondée sur l'horreur du scandale.

Dans la moindre ville de France ou d'Italie, soumise au pire podestat ou au plus fanatique des moines, il y a toujours eu plus de liberté véritable que dans ces pays du Nord, où est né, dit-on, le premier homme libre. Comme si la liberté consistait, d'abord, à voter l'impôt à deux cents lieues loin de son âtre, ou à dire ses prières dans le patois de son canton ! La meilleure prière est celle que l'esprit n'entend pas, mais que son Dieu entend. Qu'on ne cherche point la preuve de la liberté dans les chartes, mais qu'on la trouve où elle est, — dans les mœurs. On devrait s'aviser que l'art mesure le niveau des peuples libres ; à peine si, depuis cent ans, le Nord n'est plus à l'étiage.

La force des grands artistes, dans le Nord, se marque à leur révolte. Dans le Midi, plus souvent à leur harmonie finale. Se tirer d'entre la foule des intrigans, des bavards et des faux artistes, voilà pour ceux-ci en quoi consiste la lutte. Mais, pour ceux-là, il les fait sortir d'un marécage moral, où la liberté d'âme trouble toutes les habitudes d'un peuple qui se croit libre, parce qu'il est asservi à ses propres principes.

On ne comprend guère Ibsen, et sa manie d'en appeler sans cesse aux Vikings, si on ne se le représente pas nageant à grandes brasses, seul, dans son fjord aux eaux croupies, où tout le monde, autour de lui, dort debout, enfoncé jusqu'aux narines. Ibsen n'atteint la rive que pour abattre le premier tronc venu, s'y tailler un canot, et mettre à la voile. Là-dessus, il pousse vers la mer libre. Il crie à son peuple, furieux qu'on le tire du noir sommeil : « Debout ! Qu'il vous souvienne des Vikings ! Assez dormi dans la vase ! Réveillez-vous : il n'est que temps ; vous n'avez que trop vécu en carrassins, sous le varech et le sable. » Pendant plus de trente ans, on lui répond par des injures, et on le traite de pirate. Puis, vient un jour, peut-être plus morne que les autres, où tout le monde, barbotant dans le marais, sous les yeux d'Ibsen, se vante d'être pirate comme lui...

Car telle est l'issue fatale : quand le joug est secoué, presque toujours on doute qu'il en aille mieux pour ceux qui l'ont porté. Il n'est pas bon qu'il leur pèse ; et parfois il est pis qu'ils en soient délivrés. Que reste-t-il ? La vérité toute nue. Cependant, la vérité nue n'est qu'une allégorie, et sans doute elle est belle sous les mains d'un grand peintre ; pour l'ordinaire, il n'y a que des hommes nus : des singes.

Le Viking, avec un sens profond de la vie, ne rêve point de fonder son royaume sur la terre natale. Tous ces pirates ont les yeux fixés sur le Midi. Le pays de la joie et de la lumière, c'est le pays de tous leurs songes : là, il doit être possible d'affronter la vérité nue. Ibsen, le Viking de l'art, ne rêve aussi que du Midi ; mais peut-être ne met-il la joie et la liberté dans la terre des dieux que pour reculer la perspective. Les pommes d'or sont celles qui ne viennent pas dans mon verger. Si le Midi était plus proche, l'illusion ne serait pas si facile. Ibsen aussi a vécu à Rome et en Italie ; il n'a pourtant pas continué d'y vivre. Les gens du

Nord ne bavardent peut-être tant de l'idéal que grâce à l'espérance, nourrie parfois plus de vingt ou trente ans, d'enfin passer l'hiver au soleil.

La lumière du Midi, elle aussi, n'est qu'un rêve. Là-bas, la vie est plus facile. Le malheur veut que les cœurs profonds s'ennuient de la facilité. Ils la désirent, « parce que le désir passe en tout le contentement ; » mais, la rive touchée, la contrée n'est plus si belle. Je suis dans la brume du Nord : qu'on me donne le Midi, et la joie du soleil. Mais, si je les avais, je les fuirais. Dans la pleine lumière, c'est la pleine horreur du destin et de l'homme. On ne va là-bas que pour en revenir, il me semble. On le voit assez bien dans cet air de vieux maître à mépriser, où Ibsen a pris sa retraite de pirate : c'est l'habit d'un docteur allemand, et même le dos d'un piétiste ; mais ce n'en est pas la bonhomie grasse, ni la suprême satisfaction d'être docteur allemand. Dans Ibsen, une des faces, en secret, s'amuse de l'autre, avec un sérieux terrible. S'il n'était pas si timide dans la rue, on lui sentirait une affreuse amertume : le miel de la politesse, il en est oint, et les mouches s'y laissent prendre. Un vieux Viking, oui, et bien hardi, — mais qui a coulé son canot.

Figure. — Une grosse tête sur un petit corps ; et, face d'un large crâne, une figure ronde qui fait centre à une auréole, une forêt touffue de barbe et de cheveux ; elle semble y disparaître ; c'est le trait qui domine dans tous les portraits et dans les caricatures. Jeune, il était plein de verve, prompt, homme à caprices et aux nerfs violens ;

tantôt enthousiaste et tantôt taciturne, rêveur, à l'écart. Il semblait étranger aux gens de son pays : souple, vif, brusque, de teint plus que brun, couleur de bronze, les cheveux noirs, il n'avait point la haute taille, la chair rose, et le poil blond des Scandinaves[16] ; tout ce que Bjoernson représente, au naturel, sans parler de l'air doctoral, de la tête carrée, et du maintien qui hésite entre le professeur de théologie et le médecin.

À quarante ans encore, Ibsen n'avait point cet air de docteur, maître en toutes les sciences de l'amertume, qu'il a pris, depuis. Son plus beau portrait fait plutôt voir le visage d'un peintre : à un très haut degré, il a le caractère commun à toutes les figures de la génération de Quarante-Huit, — du moins, dans les plus illustres, qui n'ont point voulu fermer les yeux au spectacle du monde : c'est une expression forte et triste, sans lassitude ; celle d'idéalistes revenus de tout, qui se sont retirés de l'action, où ils ont rêvé jusque-là, pour juger dans la veille le monde où ils n'agissent plus. Ils l'avouent : oui, ils ont rêvé dans l'action : ils vont, désormais, porter les vues dures et nettes de l'action dans leur propre rêve. Qui s'étonnerait que le trait dominant sur ces figures fût une forte tristesse ? — Comme l'acier ressemble à une matière tendre qui a la couleur du métal trempé, Ibsen à quarante ans rappelle le peintre Millet. Le front n'est point disproportionné au reste : il devait se découronner par le haut, et mettre en avant le beau crâne, en forme d'ouvrage avancé. Une masse épaisse de cheveux se mêle à la barbe abondante et carrée ; au milieu du front rond et noble, il a l'épi ; tout le visage dit la pleine marée des idées, mais d'idées qui n'ont pas noyé l'instinct ni, les passions. L'imagination et la volonté parlent ici plus haut que l'intelligence ; cependant, elles n'ont pas, à beaucoup près, la violence farouche, l'air de démence qui frappe dans Tolstoï au même âge. Trente ans plus tard, c'est l'opposé : Ibsen a laissé en lui gagner le trouble ; il est bien loin de respirer le même apaisement que Tolstoï.

De la jeunesse à l'âge mûr, en effet, la figure d'Ibsen a subi une inversion singulière. Les deux lignes dominantes de ce visage ont troqué, l'une contre l'autre, l'expression qui leur était propre : les yeux parlent aujourd'hui pour la bouche muette ; et la bouche serrée retient, désormais, le trait que lançaient autrefois, et qu'acéraient les yeux. Comme la vie même d'Ibsen, cette face s'est fermée peu à peu ; comme il est passé des rêves à la vue plus proche du monde, et de l'espoir au mépris qui suit le désabus, son visage a passé de l'air ouvert au secret de la retraite, et de la hardiesse virile qui va au-devant des hommes à la propre défiance qui se défend. Ibsen cesse de combattre corps à corps : il est au coin de la scène, où la porte de sortie est pratiquée ; de là, il frappe, il blesse, il ne combat plus. Et le voici dans sa vieillesse, qui a la physionomie redoutable de l'ombre, la façon habituelle aux oiseaux de la nuit : il a les gros sourcils qui font auvent sur les yeux, pour en cacher la bénignité même ; il a le retrait de la face et les broussailles effilées de la chouette.

Le vaste front, au haut de ce visage, se dresse en donjon, opposé à la vie ; mais le mur reçoit les images. Sans avoir la masse abrupte d'une roche, ce bastion de la tête manifeste la force ; ses assises volontaires sont rivées aux tempes par la barre puissante des sourcils. Ce front reçoit et garde : il n'absorbe pas les images ; il les tire à soi et les force à suivre ses propres courbes. Certes, il leur imprime sa forme ; ce n'est pas comme Tolstoï, qui n'offre qu'un miroir.

Ces yeux d'Ibsen, au milieu de sa vie, ont été très beaux : bien logés, ils regardent avec courage ; ils vont au-devant de l'attaque ; ils sont fermes, ils ne vacillent point ; ils avaient une certitude qu'ils ont perdue, depuis. Ils ont ce pli aux paupières, qui donne à l'ensemble le caractère d'une douceur inavouée ; le sourcil est froncé, non parce qu'il menace, mais à cause de l'attention que les myopes portent sans le vouloir à tout ce qu'ils considèrent, dès qu'ils lèvent la tête. Le haut de cet œil fut d'un héros, prêt à la bataille. Tout le bas du visage, vers la bouche, sans être pacifique, sans tendresse, a eu beaucoup de bonne fermeté. La face n'a jamais été creusée, ni maigre, ni maladive. Elle est d'une honnêteté admirable. Un grand air de braver tranquillement l'opinion d'autrui ; la foi en sa valeur propre et en son droit ; un artiste dont les puissances sont encore plus voisines de l'instinct que des livres, et qui n'ont pas encore usé leurs passions sous la lime des mots.

Depuis, le vieillard a grandi en pensée : il y a laissé de l'homme ; l'amour passionné de la vérité s'est armé d'épines ; jadis, l'âme la plus sincère, une bravoure si loyale de la pensée qu'elle va, dans le visage jeune, jusqu'à la suffisance. Cette figure a dépouillé sa fougue naïve, comme un ancien duvet ; elle a perdu de sa force hardie, et de la confiance en soi ; la même loyauté se recule, presque farouche, indomptable à la fois et timide ; non pas flétrie, mais défiante et dégoûtée, elle se retranche derrière un rideau de brouillard. Au fond, une inébranlable résolution, sans ruse et sans faste, non pas sans ironie. Une volonté de fer pour résister, une âme d'acier lin dans un fourreau de glace ; une action puissante, quand il agit ; mais peu d'action. Beaucoup de douceur lointaine dans ces yeux qui rêvent et qui sont distraits, même quand ils écoutent ; mais une douceur courte et sans emploi ; peu de complaisance intérieure : il acquiesce à tout ce qu'on veut d'un mot, pour s'en défaire, — d'un mot. Mais il dit « non » de toute sa force, au fond du cœur, et, immuable dans le refus, même quand il se dérobe, il refuse à jamais le consentement.

Il a toujours été très sensible au suffrage des femmes. Comme plusieurs hommes du même ordre, il en aime la société ; ou plutôt il se plaît dans leur compagnie, à la condition, sans doute, que ce soit à son heure. Il est coquet ; il a le soin de sa personne : on le voit lui-même dans un jeu de scène admirable, quand Borkmann aux aguets, de côté pour n'être pas surpris, sachant qu'on va entrer dans sa chambre, prend une petite glace à main, s'y mire, remet de l'ordre dans ses cheveux, rajuste sa cravate. Ibsen ne se distingue plus de ses héros : c'est toujours l'homme de soixante ans, à la forte charpente, nerveux et nourrissant sous la cendre le feu d'anciennes passions. Peut-être a-t-il aussi souffert près des femmes, comme d'autres grands artistes, de n'avoir pas ces avantages du corps, qui passent de si loin, près d'elles, tous les dons du génie. C'est pourquoi il tient à leur plaire ; c'est autant de pris sur elles si l'on s'entoure de celles qui nous ont plu. Le goût que l'on a pour les femmes est souvent le pis aller du goût qu'on voudrait qu'elles eussent pour nous. C'est une question si les esprits misanthropes ne sont pas les plus sensibles à la séduction des femmes ; et, dans le misanthrope, il y a le misogyne aussi ; mais le cœur se moque de la théorie. Un homme d'un certain ordre ne pardonne guère aux autres hommes ; et même l'indulgence pour tous est plus froide que la colère. Le même homme n'a point d'effort à faire pour sourire aux femmes. J'en sais, des plus perspicaces, au regard le plus aigu et le plus sévère, que toute femme plaisante aisément désarme ; la sévérité ne tient pas devant un joli visage, et l'œil le moins dupe veut être dupé par le charme rieur de la tendre jeunesse.

Comme Goethe, Ibsen aurait aimé d'être peintre. Il travaille toujours seul ; il ne confie jamais à personne ce qu'il fait ; nul ne connaît rien de ses drames que publiés ; il ne dicte pas et n'a point de scribe. Il copie ses œuvres de sa main, qui est grande, ronde, serrée, entièrement renversée à gauche, marchant à reculons enfin. Il aime les tableaux ; et toujours maître de soi, sans boire trop, il boit très dur et sec.

Ce petit homme, au dos solide, les épaules larges et vénérables, marche à pas comptés. Le chapeau fortement planté sur la tête, la taille encore souple, l'allure élégante et ferme, les gants à la main, le pied maigre et haut dans un soulier fin, Ibsen s'avance dans la rue d'un air circonspect, cossu et mesuré. Qui le voit de dos le prend pour un vieillard de l'ancien temps, qui n'a peut-être pas renoncé à plaire. Aristocrate en tout, tout en lui est d'un vieil aristocrate. Il est distant ; il est poli jusqu'à la minutie ; et, à cause de l'extrême politesse, il n'est pas familier. Il déteste le laisser aller, le bruit, la poussière et les coups de coude. Il ne se persuade point qu'il y ait une grâce d'état pour rendre agréable la boue de la foule, et qu'on en soit moins crotté. Qu'il soit dans la rue ou dans un salon, il se sépare du monde par son seul aspect. Son air y suffit, même quand il ne se découvre pas, et qu'il ne montre point cette tête de diable à cheveux blancs, soudain sortie de la boîte, — ici, le corps vêtu de noir, l'habit correct d'un digne gentilhomme. La douceur de sa jolie voix, le timbre presque féminin de son accent, l'agrément menu de ses gestes, tous les soins qu'il donne aux gens et qu'il prodigue aux femmes, ne dissimulent pas le retrait intérieur, ni le quant à soi farouche d'un cœur qui a pu se livrer, mais ne se livre plus. Le charme des yeux gris étonne, comme un secret qui ne se laisse pas surprendre. Le regard de ce vieil homme sombre est plein d'attention fugitive et de longue mélancolie ; il a ses étincelles et un feu presque timide qui se dérobe ; une estime désabusée, une claire tristesse qui méprise ; il n'est tourné sans doute que sur soi ; il est voilé le plus souvent : un soleil du Nord sous les brumes.

Il n'est besoin que de voir Ibsen en public, ou de lire un billet écrit de sa main, pour reconnaître la marque du pays, et l'empreinte de toute la race. On secoue le joug d'une religion et d'une morale ; on rejette pour le compte de tout le monde les habitudes séculaires d'une coutume et d'un ordre social. Mais, pour son propre compte et presque à son insu, on garde les modes d'un monde aboli, et l'on tient à ses façons. On fait la guerre à la loi de Luther, on en brise la contrainte ; mais on reste luthérien dans sa cravate ; la redingote raconte le bourgeois et sa manie d'être considérable ; l'on a en vain rompu avec les idées communes : toute cette révolution s'arrête au chapeau, et elle s'abrite même à jamais sous la coiffe que les pères ont portée, et qu'à son tour le fils porte.

Ibsen, le plus rebelle des esprits, est le plus correct des poètes, qui ne sont point, d'abord, hommes du monde. La correction est une forme de la droiture, après tout ; et, dans le Nord, elle supplée à l'élégance.

Tolstoï et Ibsen, différens presque en tout, l'Orient et le Ponant de la révolte sociale, ne diffèrent en rien plus que par cette recherche de la forme correcte. Tolstoï la raille, la tourne âprement en ridicule, la méprise ; il est près d'y voir l'habit du grand mensonge. Ibsen, au contraire, y trouve une sauvegarde, une défense contre autrui : c'est qu'à la vérité, Tolstoï appelle à soi tous les hommes, tandis qu'Ibsen les écarte ; il ne veut avoir affaire qu'à leur seul entendement.

Il n'agit que de loin, et caché ; Tolstoï, comme tous les esprits religieux, est un héros qui combat dans la pleine mêlée, une action vivante au milieu de la foule, bras et torse à nu, pour laisser tout leur jeu aux muscles.

Quel contraste, celui des dernières images, où l'on peut voir l'un et l'autre de ces hommes au soir de la vie ! Ces deux princes de l'art, en Europe, sont presque jumeaux, et le seront sans doute dans la tombe. Ibsen n'est l'aîné de Tolstoï que de quatre mois[17].

Je les ai tous les deux sous les yeux, à près de soixante-quinze ans. Ibsen n'a-t-il pas bien l'allure d'un vieux médecin, savant illustre et dangereux, trop habile en chirurgie, récompensé par la fortune ? Certes, c'est là le docteur Ibsen, comme, dit-on, il veut toujours qu'on le nomme.

Tolstoï, si défait par sa dernière maladie, la main passée dans la ceinture de cuir qui serre sa blouse, une calotte ronde sur la tête, lève le front, à sa mode ordinaire. Il est debout dans la prairie, robuste et ferme encore des épaules, mais le poids du corps tombant sur les genoux fléchis. De larges, de grandes rides, un réseau de soucis et d'efforts passionnés, couvre d'une tempe à l'autre son front sec et anguleux, comme d'une grille où l'invisible ennemi le retire de nous et déjà veut nous le dérober. Il est terriblement amaigri ; les os des pommettes percent les joues ; et, sous les sourcils broussailleux, plus que jamais les yeux se cachent, ces yeux toujours vifs, pâles, violens et doux, ces chasseurs d'images à l'éternel affût du bien et de la vie.

Mais surtout, autant qu'un trait humain peut différer d'un autre, c'est la bouche de Tolstoï qui, de toutes les bouches, ressemble le moins à la bouche d'Ibsen. Il dresse le menton, avec la grande barbe blanche qui pousse en long comme une fougère sur un talus ; et les lèvres sont entr'ouvertes, d'une incomparable éloquence, d'une tendresse inconnue dans la souffrance, d'un appel miraculeux comme celui de la vérité en personne, à toute erreur et à toute misère. Et voici la bouche d'Ibsen, fermée avec résolution sur les secrets qu'elle ne veut pas dire : il n'y a point de tristesse sur ces lèvres, parce qu'une volonté puissante y respire : gare à l'arrêt qu'elles prononceront, celui du médecin qui ouvre les corps, qui tue pour guérir, qui prend la vie aux cheveux et la scalpe. À Tolstoï la figure du prophète, du patriarche, jusque sur le lit de douleur ; c'est un prophète d'une espèce moins secourable que je reconnais dans Ibsen : il sait, mais il n'aime pas ; et la science, en effet, est la prophétie des lieux où le soleil de la vie se couche.

IV. — QUE LE MOI NE PEUT TENIR LA GAGEURE IDÉALISTE

Le climat et la douceur de vivre font les sceptiques. Je n'en vois de vrais qu'au Midi. Le dur ennui pèse sur l'âme du Nord, quand elle doute ou qu'elle nie. Il n'est point de parfait sceptique : la sensation ne doute pas ; sentir, sur le moment, c'est croire. On ne doute qu'ensuite : l'heureux railleur du Midi ne souffre point de la contradiction ; car, tandis qu'il sent, il jouit. Le Nord, soufflant contre l'enclume, le lourd marteau au poing, se forge des rêves. Il donne moins aux sensations qu'à l'esprit. Il ne sort d'une prison que pour entrer dans une autre. Il lui faut ajouter foi aux raisons qu'il invente. L'esprit n'est tout libre que s'il entreprend contre la vie. Une telle entreprise ne peut pas se poursuivre longtemps ; on s'y met et on la quitte, pour y revenir et la laisser encore. Dans sa pleine liberté, l'esprit est pareil à cet insecte stupide qui passe la moitié de son existence à filer un cocon, et l'autre moitié à le détruire.

Dirai-je que le sérieux donne une force mortelle aux poisons de l'esprit ? Il les porte à ce titre où ils sont foudroyans. Il vaudrait mieux que les esprits libres, et avides de l'être sans limites, prissent parti contre la morale : ils sont bien plus pervers par le bien qu'ils veulent faire que par le mal qu'ils font. Les esprits libres, qui préfèrent à tout le plaisir de s'exercer, machines à penser qui s'absorbent dans leur mouvement, quand ils tiennent obstinément à la morale, font fi de la vie. Il serait bien plus sage qu'ils fassent fi de la morale.

Les professeurs de morale n'ont pas l'autorité. Et plus ils se fondent sur la raison, plus ils décrient la raison. Ce sont des prêtres sans dieu et sans église : qui les croira ? Leur tempérament fait leur seul principe ; le tempérament contraire le nie, avec le même droit. C'est la morale qui envenime l'anarchie, parce qu'elle la fait passer dans la pratique. À Athènes, à Florence, même à Paris, personne ne croit les sceptiques ; ils ne s'en croient pas eux-mêmes ; on les voit jouir de la vie au soleil. Mais, dans le Nord, la gravité, la propre pureté de l'âme distille son poison dans l'épais contentement de la vertu. La morale paraît toujours croyable, et prête son air à tout. Si l'esprit est le prince de l'anarchie, c'est qu'il se couronne de morale.

Plus rebelle à toute loi que personne, plus avide d'être libre et plus féru de morale, tel est Ibsen dans son fond. Mais il était trop artiste pour ne pas souffrir d'un tel désordre, il n'a pas dû pouvoir y respirer à l'aise ; et il a mis dans l'art tout son instinct de l'ordre. Unique par-là dans son pays, et d'un génie contraire à celui de sa race. Son théâtre se modèle sur le théâtre de la France et des Grecs. Il distribue ses brumes comme les Grecs leur lumière, suivant un noble plan qui recherche la symétrie. Ses chimères ont un air de raison : la même logique les gouverne, qui règne, coûte que coûte, à Athènes et à Paris : celle du destin, dont les lois sont inflexibles. Mais, au lieu que, sur la scène classique, la fatalité pousse inexorablement à leur fin des hommes et des passions particulières, dans Ibsen, c'est plutôt sur le monde des idées qu'elle agit. Ici, la vie secrète et humiliée du monde intérieur ; là-bas, la vie chaude et lumineuse, qui rayonne la splendeur en tous ses actes et la joie jusque dans la tragédie. Ce n'est peut-être pas qu'il y ait de beaux meurtres ; mais c'est qu'à Athènes, les morts et les blessés, les assassins et les victimes, tous sont beaux à l'image de la mer au soleil, et des fleurs sur le rocher.

Le Midi a les passions belles : il peut être réaliste. Le ciel donne à tout sa clarté, qui est un grand rêve. Qui va imaginer le Nord sans idées ? Il sera odieux, d'une froide platitude. On reproche parfois à Ibsen de se traîner sur un chemin de plaine, morne et couvert de nuages bas : lui-même tient beaucoup à être réaliste ; et, en effet, qui ne l'est pas n'est point artiste ; mais ne l'est pas beaucoup plus, qui l'est seulement. Ibsen a créé des formes vivantes ; elles n'ont de beauté que grâce aux idées dont elles sont pleines ; dans leur ardeur, elles sauvent la misère de ce théâtre, car il a grand besoin d'être sauvé.

La France, la Grèce, Shakspeare ont les rois, les héros et les dieux ; les passions y sont des princesses dans la pleine lumière ; cette illumination pare les moindres hommes d'un prestige royal. Ibsen n'a que ses petits bourgeois, leur lourde contrainte, et leurs intrigues de petite ville. Il n'est pourtant de vrai drame que l'héroïque. Mais Ibsen a ses idées, ses fortes idées, et il en charge ses petites gens jusqu'à les en accabler, par là vraiment poète. C'est aussi l'immense différence qui sépare son théâtre du théâtre moderne à Paris et dans toute l'Europe, qui ne vit que de Paris. Ailleurs, sous l'habit du petit bourgeois, on ne trouve rien que de médiocre ; et les actions des cœurs corrompus ne sont pas moins médiocres que les autres. Le drame d'Ibsen est héroïque par le dedans. Cette grandeur est originale. Ibsen a même un reflet de Shakspeare, tant il fait faire aux idées, en apparence les plus humbles, des rêves étranges[18], cruels, contre la vie, et parfois d'une pureté sublime. Souvent, Ibsen accomplit ce que Gœthe a mal tenté dans son théâtre : Gœthe sent, en ancien, bien mieux qu'Ibsen ; mais Ibsen en connaît l'ordre et le ressort mieux que lui, et il est bien plus dramatique.

Art d'Ibsen. — La beauté de la forme est un effet de l'ordre ; la recherche de l'ordre, un effort à sortir de l'anarchie : c'est en quoi l'artiste, quelque anarchie qu'il professe, est le contraire d'un anarchiste, dès qu'il est maître en son art. L'ordre entier de la Cité ne vaut rien ; tout doit être détruit, soit. Mais, pour avoir foi en soi-même et à l'ordre futur, il faut donner un vivant exemple : l'art est un bel ordre, n'en fût-il plus au monde.

Si la forme d'Ibsen est souvent parfaite, c'est que personne, hors de France, n'a plus aimé l'ordre. Elle est brève, aiguisée et dense ; elle a des arêtes coupantes, à l'antique. L'action du drame peut être lente, çà et là, elle n'en est pas moins précipitée sur la crise ; et la crise, lourde d'idées, est un nœud d'énergie. Pour les grands faits de l'âme et les combats violens de l'esprit contre l'esprit, Ibsen a l'imagination la plus vaste. Son théâtre est le registre des révoltes morales. Le dialogue n'est pas tant vif que dru, aigu, tranchant ; il est riche en mots pleins de sens, aux échos qui durent ; d'ailleurs, il les répète ; il ne craint pas d'être morose. Il a peu de héros, et tous parens ; mais on les distingue entre mille, et qui les a vus une fois les reconnaît partout. Ses types : deux ou trois hommes, deux ou trois femmes, à divers âges de la vie, simples et sans faste, mais de très haute mine, et bourrelés de conscience. Les comparses, beaucoup plus nombreux, semblent d'abord plus vivans que les héros, parce qu'ils portent une bien moindre charge de pensers et de preuves. Ce grand peintre de l'ombre a modelé les plus belles silhouettes. Le caractère des lieux, l'atmosphère du Nord, l'air de la petite ville, Ibsen les détermine avec une rigueur exquise, à la plus fine nuance près : car il en attend beaucoup, et que les personnes en soient, premièrement, déterminées elles-mêmes.

Ibsen laisse agir les idées : dans sa froideur de métal, l'idée excelle à carder la laine confuse des sentimens. Ce qu'il perd en action, il le gagne en analyse. La mécanique de l'âme a trouvé son maître. Ses héros sont des squelettes qui parlent d'une humanité puissante et morne : ils portent les noms de très grandes passions, qu'ils ne servent pas. Ibsen ne veut pas admettre qu'il préfère les idées aux êtres vivans. Et il dit vrai ; c'est la vie qui fait son objet, comme il est naturel à tout artiste ; mais il est vrai aussi qu'il donne plus la vie aux idées qu'il ne prête des idées à la vie. Avant d'agir, ses héros discutent. Ils font pis : ils discernent tous leurs actes. Ils ont plus de conscience que de passions, et plus de principes même que d'actes. Or, l'automate parfait, au regard de la nature qui s'ignore, c'est l'intelligence qui se connaît. Cependant, il est rare qu'Ibsen veuille conclure, à moins qu'il n'en laisse le soin aux durs réquisitoires de la mort, l'inflexible procureur. Le trouble, qui est l'âme essentielle aux chefs-d'œuvre, enveloppe les plus beaux drames d'Ibsen : tout se passe dans une demi-ombre. Le clair-obscur est propre à la vie de l'art mieux que toute lumière. Le spectacle du monde est une vision dans la brume, par un long crépuscule d'été ou par un jour de neige. La nuit est toujours présente : qu'est-ce que la clarté joyeuse ? — Un accident dans les ténèbres. Que le soleil est donc près de nous, au cours des heures grises ! un seul rayon suffit à un grand rêve.

Profondeurs morales. — Ce barbare unique est épris de vérité comme le sable d'eau. En vain, il se détourne de la cité commune ; il ne croit plus à sa mission de bâtir ni de détruire ; il ne se mêle plus de prodiguer les oracles à une société pourrie : — il cherche la vérité pour lui-même. Sa robuste candeur est une force de l'art ; elle tient aussi à l'admirable simplicité que la France lui a apprise : comme il ose à peine donner dans quelques artifices, il finit par ne plus rien imaginer qui ne soit direct à sa méditation intérieure. Pour admirer les dernières œuvres d'Ibsen, il ne faut que les lire en pensant à Ibsen. J'y vois un combat de toutes les heures contre la nuit. Combien cette lutte nous touche ! Ibsen veut s'assurer quelque station prochaine dans l'horrible écoulement de toutes choses. N'est-ce pas atteindre ainsi à la beauté ? — Être beau, c'est être ce qui dure.

Comme le vol du pétrel qui descend dans le labour des vagues, sa pensée abrupte court au fond de ce qu'elle regarde ; elle saisit la vérité, ou s'y précipite, et néglige tout le reste. Ibsen a faim du vrai. Il a beau désespérer : il fait comme s'il pouvait croire encore ; il ne tombe dans l'abîme nul qu'après toute sorte de bonds et de sursauts. Il y est lancé de la plus haute cime. Au cours de ces routes suprêmes, tantôt un mirage de vérité l'éblouit ; tantôt l'ombre proche l'accable ; la vérité le ravit et l'abandonne avec dérision ; de toutes façons, il ne veut contempler qu'elle : à ses yeux, elle n'est que la face pure et claire de la vie.

Les écumeurs de mer ont laissé de leur vigueur au peuple de Norvège. Les Vikings et leur violence ont fait ce sang. Ils l'ont versé sur toute l'Europe ; hardis et cruels, ils ont grandi dans la rapine et la contestation. On doit penser au sort étrange de cette race : ils n'ont commencé d'être chrétiens que dans l'église la plus froide ; seuls, et presque sans avoir été catholiques, ils ont tout d'un coup passé d'Odin à la Bible. Séparés par le sol les uns des autres, pendant des siècles, chacun d'eux s'est formé de l'unique et lent dépôt de son âme sur soi. La neige, les monts, les vents et la nuit des pôles les ont réduits à la prison d'eux-mêmes. Il ne fallait rien moins pour abattre ces violens. Quelle loi pouvait avoir raison de ces natures élémentaires, sinon la contrainte du devoir ? — Pour eux, elle a toujours été sublime, comme pour cet autre d'une race parente, qui en a fait la religion des religions. Cette loi, où la splendeur du ciel étoilé se compare, si l'on en croit son prophète, a changé des êtres sans frein en des êtres muets. Ibsen en est issu, pour donner le spectacle tragique d'un homme qui soulève le poids de la race et des siècles à l'aide du levier même que la race et les siècles lui ont transmis : c'est une force longtemps asservie au devoir qui se sent rappelée violemment à la nature. Et, comme le ciel étoilé ne compte pas moins, pour qui peut le comprendre, que la terre où nous avons le pied, il était inévitable que cet homme puissant lançât lui-même, l'une contre l'autre, les deux forces qui le partagent. Ibsen est venu à l'heure qu'il fallait ; il est le poète du grand combat, sur une scène sans espérance. Sa sincérité est si naïve que ses plus terribles contradictions sont presque sans ironie. Mais combien cette folie de l'âme humaine, la conscience, ne semble-t-elle pas parler en lui plus haut que la nature ? Même quand ce cher égoïsme, qui est en lui et où chaque moi puissant sait se reconnaître, repousse toute règle et méprise toute loi, il ne veut pas se rendre libre de cette loi qui vient des étoiles, et qui est glacée comme elles. Jamais on ne fut plus moral contre toute morale. L'égoïsme d'Ibsen resplendit d'une pureté égale à la neige des cimes. La liberté suprême d'Ibsen est ce vent glacé qui souffle du pôle, et qui ranime la chaude pourriture des mœurs. Aigle sombre, qui hante les glaciers, il en porte l'air irrespiré, peut-être irrespirable, aux ruines qu'il vient visiter. Il fait planer au-dessus du mensonge une idée du bien qui résiste à toute chute. Purifier les volontés, dit-il ; donner la noblesse aux hommes. Un seul sentiment fait le charme inexprimable de la vie : la pureté de conscience. Le temps est passé où l'on pouvait oser n'importe quoi. Il faudrait être capable de vivre sans aucun idéal…

Si l'on demande pourquoi, il n'est que de répondre par le caractère de l'homme, où l'esprit lui-même a ses raisons ignorées de l'esprit. La haine du devoir, voilà la fin sans doute ; mais ce n'est qu'une vue de la raison, dans sa fureur d'être désabusée, d'être vaincue et déprise. Dans le fait, Ibsen ne parvient jamais à oublier la morne chimère : elle est morte, et peut-être de son fait : mais il la voit, il la nourrit toujours.

Il est plus aisé à une grande âme de détruire la morale que de ne pas la suivre.

Tyrannie des atomes. — Il faut l'avouer : plus qu'une autre, une pensée très pure est destructrice. Nul ne fait plus la guerre à la morale que l'homme le plus moral, quand il ne guerroie pas pour elle, ni une guerre plus dangereuse, parce qu'il sait le fort et le faible de sa victime, et, qu'en armant la sienne contre elle, il lui retire une force irréparable. Un tel homme peut faire le bien sans y croire. Mais, pour être fait par l'immense foule des hommes, le bien doit être cru. C'est une folie naïve à l'homme le plus libre de se flatter que sa liberté n'a point de danger pour la multitude. Je pense, contrairement à l'opinion des philosophes, que la vérité morale est l'objet le moins évident du monde, et le moins également réparti. La conscience la plus pure, fondée sur le sens propre, peut n'avoir aucune force pour convaincre les autres, et les fournir d'exemples. Or, la plupart des hommes ne vit que d'exemples, et ne se gouverne que d'exemples. La foule imite, comme elle grouille ; il serait dommage qu'elle inventât. L'invention de la plus pure conscience peut tourner à une habitude de crimes, dans la foule qui imite. Les hommes sont comme les montres, qui se règlent sur le soleil ; mais le soleil n'est point du tout libre de changer ses voies, et de passer ou ne passer pas au méridien, selon qu'il le juge bon ou mauvais, et plus ou moins juste. Et déjà les bonnes montres sont rares, et il est difficile de les empêcher de varier. En matière de morale, l'autorité n'est pas de droit, elle est de fait. Qui regrette l'autorité est responsable du dénûment où il reste. La pureté de conscience n'est pas plus le partage de tous les hommes que les autres dons du cœur et de l'esprit. Tant vaut l'homme, tant vaut le sens propre ; et il est naturel que, le plus souvent, il ne vaille rien. Il faut laisser aux charlatans le soin de flagorner la nature humaine, et de la fournir en pilules propres à guérir tous les maux. Mais l'on sait bien que le mal est incurable, comme la mort. Il n'y a qu'une égalité entre tous les hommes ou presque tous : ils ont une inclination à peu près égale à obéir et à se laisser convaincre par ils ne savent quoi qui vaut mieux qu'eux, et qu'ils ont hérité de leurs pères. S'ils se mêlent de savoir quoi, non seulement ils n'obéissent plus ; ils perdent la faculté d'obéir, unique égalité qui leur soit réellement promise. Ibsen fait très bien, après tout, de croire selon lui ; mais la Norvège fera très mal de croire selon Ibsen. Et Ibsen lui-même l'a compris.

Dans l'âme de Pascal, il y avait une passion brûlante pour le bien. La haine du mal, le goût de la vérité, le mépris du mensonge et de l'imposture, l'horreur de toute impureté ne peut guère aller plus loin. Il serait beau, pourtant, que, de Pascal ôté Dieu et nommément l'Évangile, on fît le compte de ce qui reste. J'entends au compte de la morale. Et, quittant Pascal, dans l'homme, dans la Cité, dans l'univers ?

Rien.

Quoi ! Rien ? — Rien, que les griffes, la gueule, les crocs et l'appétit terrible de la bête. C'est la guerre au couteau entre tous les êtres. Le nom de lutte pour la vie n'y ajoute rien que l'idée d'un dessein suprême, où tend l'effort de la nature : Mange-moi, ou je te mange, — pour te convaincre de mon droit à te manger : voilà le fait.

La liberté d'une grande conscience tourne à l'esclavage des moindres. Une grande conscience ne va contre la morale que par amour de la morale ; ou, si l'on veut, de sa morale propre ; mais, de cette conscience-là et de ses œuvres, la foule des moindres consciences ne retient que les coups qu'elle porte, et ne s'occupe jamais de la cause qui les fit porter. Les argumens d'un cœur puissant et libre sont toute la thèse des autres : et le grand cœur leur manque, qui seul n'est pas sophiste. Si le nouvel Ictinos de la morale demande qu'on rase les ruines du Parthénon, pour élever à la déesse un temple digne d'elle, la multitude des citoyens, que l'occasion fait architectes, n'y verra qu'un conseil véhément de renverser tout l'édifice : quand on aura passé la charrue sur l'Acropole, qui rebâtira le Parthénon ?

Rien de ce qui se fonde n'a la force de ce qu'on détruit. Surtout, quand on se sert de la parole, et qu'on sape dans l'esprit. Les idées ont une violence qui laisse loin derrière l'effet de la dynamite. Elles ont créé le fait, et le fait n'a qu'à les suivre, dans un monde aux vertèbres si molles. Le propre des idées est de détruire ; elles donnent un exemple fatal, qui doit être suivi. Rien ne se fonde donc sur le Moi seulement, à moins d'un miracle. Il ne s'agit pas de convaincre : qui persuade les sentimens ? La partie active de l'éloquence agit bien plus comme un pitre, sur les gens, qu'à la manière de la logique sur l'entendement des géomètres. Un grand homme qui détruit a peut-être raison de détruire ; mais il n'a raison que pour lui. Souvent, il souffre mortellement de le faire.

Le Moi est le grand anarchiste. Mais, quand il est vraiment grand, le Moi est un anarchiste pénitent. La tyrannie des atomes a je ne sais quoi de plus affreux que celle du plus affreux despote. Car, enfin, Nabis lui-même dort quelquefois, et le Sultan peut se démentir.

L'ordre nécessaire et sans nom est un cercle parfait de désespoir ; là, l'intelligence est une machine montée pour l'éternité, qui dévore la chair humaine. Car plus la chair importe, et moins elle a d'importance. La mécanique universelle ne distingue point entre les atomes charnels et les autres. Un monde livré au hasard aurait moins d'horreur ; où le hasard règne, après tout, on peut gagner sa mise, et c'est la loi du hasard qu'on ne perde pas à tout coup.

Effrayante solidité d'un monde, où tout est fatal et mécanique : il n'y a plus place à la moindre espérance.

L'intelligence comprend la nécessité de l'univers, atome machinal dans l'immense machine. Elle jouit amèrement de le comprendre ; elle l'accepte, dit-on ? Elle ne peut pas faire autrement. Ici, penser, c'est en vérité peser son néant.

Qui rejette toutes les lois, s'il n'est pas un enfant qui s'arrête en chemin, en attend une des mains divines ; et, s'il n'est pas de Dieu pour lui faire ce présent, l'anarchiste qui pense est forcé de s'en faire un de la mécanique. La fatalité est absolue. Les lois de la Cité ne sont pas moins fatales que celles du monde. L'enfant ne détruit rien que l'homme ne doive reconstruire. Ce qu'on a jeté bas, pour être libre, l'univers l'impose à qui se croit libre. Rien ne s'est fait par hasard, ni par la volonté d'un seul, ni par la fantaisie d'un autre. Les conditions de la vie humaine étant ce qu'elles sont, ôtés tous les effets, ils se reproduiraient tous, à la suite fatale des mêmes causes. Il n'est pas de théologie si rigide qui ne soit bien plus souple que les lois de la mécanique, car la mécanique n'a rien d'humain.

Ainsi, et quoi qu'on fasse, l'anarchie a un ordre pour limite, si l'anarchie n'est pas seulement le jeu d'un enfant pris de rage contre son jouet, et contre lui-même. Qu'elle est donc loin, la liberté, cette cime heureuse où l'on se vantait d'atteindre ! Elle est absurde : ce qui sans doute, pour la pensée, est le dernier terme de l'éloignement.

L'anarchie du sens propre. — Il faut regarder le Moi comme la sphère de tous les maux : c'est le centre, à l'agonie, d'un univers qui attend la mort. Et la mort, de tous les points de la courbe, revient à ce centre, qui rayonne partout la souffrance de son agonie.

Le Moi est sans espoir. Le Moi est sans issue. Le Moi est la guerre mortelle, où chaque coup porte la mort. Et celui-là le sait bien, qui est puissant et qui a été conquérant dans cette guerre. Que restait-il à Ibsen ? Les moindres individus seuls se suffisent, la vanité n'entretenant qu'une faible vie. Une vie puissante, qui est réduite à soi, se détruit. Ibsen n'a pas assez de cœur pour aimer, coûte que coûte, la terre, les pierres, l'herbe, tous ces êtres simples qui, n'ayant pas d'individu, ont celui de la nature et la grâce touchante de la vie, ce cher parfum de charité qui appelle la charité. Puis, il y a une raison de latitude. La morale de l'Évangile abstrait est une prison. Sous ce climat polaire, la liberté et la révolte ne font qu'un, et, quand la rébellion a tout balayé, c'est le désert.

Au fond, dans les hommes du Nord qui pensent, et surtout chez Ibsen, il y a un parti très fort contre la vie. Longtemps, c'est précisément leur vieux fond de morale qui les nourrit d'illusion, et les sauve de cette prédilection mortelle. Ils sont optimistes d'esprit, et pessimistes d'instinct. Ils croient que la vérité est une, bonne, excellente, accessible même ; et, quand ils n'en sont plus aussi sûrs, il ne leur est jamais très difficile d'y croire ; ils font semblant sans trop de peine, comme, dans leur petite ville, on porte sans effort l'habit aux épaisses coutures de la vertu. C'est ce qui les soutient pendant toute la jeunesse et durant l'âge mûr. Puis, enfin, ils découvrent la vanité de cette vue. Et Ibsen en arrive à dire avec dédain : « Je ne sais pas ce que c'est qu'une œuvre idéaliste. »

Qu'on n'accuse pas Ibsen de contradictions. Il a eu le sens profond de la vie ; chaque jour, il l'a exercé davantage ; c'est pourquoi il a dû se contredire.

Tout ce que le désir du bien et les passions de l'intelligence prétendent offrir à la vie en guise de présens, au nom de la morale, de la science et de l'esprit, — la vie le repousse, le bafoue, en fait fi et s'en rit. Il n'y a point de géométrie pour l'amour ; et l'intestin ne connaît pas de politique. Je puis donc bâtir des systèmes ; je peux inviter l'homme et toute la nature à y entrer pour leur bonheur et leur perfection. Je puis être cet architecte, tant que je ne doute point de la vie, — qu'enfin j'en suis aimé plus que je ne l'aime. Mais, quand le grand amour de la vie me fait trembler de crainte pour elle, je serai le premier à dédaigner le temple que j'ai construit ; et, comme j'en saurai mieux la faiblesse, je ne l'ébranle pas seulement : je le détruis.

Déjà, dans les vrais poètes, il y a une sorte de vengeance au fond de tout ce qu'ils inventent : ils se vengent du monde dans le rêve ; mais c'est toujours le rêve de la vie. Le grand artiste n'a pas seulement le droit de se contredire : il est forcé d'en passer par là. La vie fait le lien entre toutes les opinions. Celui qui crée est comme la nature : supérieur à toute contradiction. Ce n'est pas notre affaire d'être logiques ; mais d'être tout ce que nous sommes. Eussions-nous cent fois tort, l'œuvre vivante a toujours raison.

La terrible imposture de l'esprit, qui veut faire croire qu'il est la joie et le bonheur ! C'est dans Spinosa que je la vois surtout : elle n'a que chez lui cette profonde sérénité, où l'on est presque tenté de se coucher, les yeux levés sur les étoiles. Et qu'importe qu'il y ait cru lui-même de toute son âme ? Il a été la première dupe du système, à la façon des anciens, qui semblent toujours dupés par leurs idées, et y croire, comme les enfans croient aux jouets. Du reste, quel bonheur est-ce là ? Je ne puis lire la vie du grand homme dans son taudis, entre ses verres de lunette, sa lime, sa table de travail et sa compagne l'araignée, sans un dégoût d'admiration. C'est l'image d'une morne éternité qui fait horreur, et plus encore, à la pensée d'être éternelle. Pour que Spinosa soit heureux, il faut qu'il soit une victime parfaite. À sa place, je la serais.

L'esprit, ce jongleur sans scrupules, a de ces coups merveilleux où, jonglant avec le soleil, il fourberait la lumière elle-même. Mais vienne la nuit : c'est le moment de douter et d'avoir peur. À force de vanter la pensée au cœur, la mort du cœur se supporte. Il le semble, du moins. Mais il en est qui jamais ne se laisseront convaincre.

J'espère à vivre, et non à vos trois vérités et demie. Qu'elles soient trois, ou qu'elles soient deux, la différence n'est capitale que pour ce grand métier que vous faites de savoir, avec la vanité propre à tous les gens de métier ; là, un quart de vérité en plus ou en moins fait la gloire d'un homme ; mais là seulement, à l'opposé de ce qu'il croit. L'intelligence éblouit les enfans, parce qu'ils ne vivent qu'à la surface. C'est pourquoi, tant de charme aient les enfans pour nous, pas un homme, quoi qu'il dise, ne voudrait être enfant une autre fois. Les anciens étaient des enfans. Les savans, qui donnent tout à l'Intelligence, sont de vieux enfans qui n'ont pas grandi. Les enfans ne se lassent pas de jouer ; et les savans ne se lassent pas de comprendre, comme ils disent. Ils vantent le jeu de l'Intelligence, comme la source de tous les biens. Cela était bon à dire sous le couvert de cette fameuse ignorance qui, soi-disant, faisait le deuil sur le monde, et devait faire à jamais le malheur du genre humain. Mais on ne s'y prend plus, si l'on sait un peu ce que c'est. J'espère à bien davantage, où les savans ne m'avancent point : j'espère à la vie ; et plus j'y brûle, hélas ! et plus j'espère en vain. Car ce n'est pas le feu, ni l'amour, ni moi qui suis de manque : c'est l'aliment. Et ils viennent à mon secours avec leurs trois vérités et demie, qui changent tous les cent ans, qui toutes me condamnent, en trois cent mille livres rongés des vers ! Voilà ce qu'ils portent à ce foyer, qui ne dévorerait pas trois cent mille livres, mais trois cent mille fois trois cent mille. Ô les bons docteurs ! Ô les grands savans ! Qu'ils sont puissans ; qu'ils sont secourables ! Le bon papier dont ils me nourrissent ! J'ai vu un sorcier qui en faisait encore plus, avec les paysans de mon village. Du moins il les trompait. Il les tenait par le pouce, et, disait-il, par-là il faisait passer en eux l'esprit de vie. Quelle forte tête c'était, ce paysan ! Il a guéri plus d'un malade ; à tout le moins, il ne l'a pas empêché de guérir.

A. Suarès.

1. ↑ Tous les passages cités ou traduits le sont d'après les versions et les préfaces de M. le comte Prozor, et les ouvrages de MM. Ehrardt, Bernardini et Leneveu sur Ibsen et la littérature du Nord.
2. ↑ *Borkmann.*
3. ↑ *Dame de la mer ; Soutiens de la société.*
4. ↑ *Rosmersholm.*
5. ↑ *Les Revenans.*
6. ↑ Voici les œuvres d'Ibsen dans leur suite. Je laisse de côté ses essais de drame historique et de comédie, quand, jeune homme, il n'avait pas encore quitté la Norvège : le dernier en date, *les Prétendans à la Couronne*, 1863, est de bien loin le plus fort et le plus épique ; il rappelle assez souvent les chroniques de Shakspeare. Mais le génie d'Ibsen n'était pas là, et nullement dans l'histoire. C'est, d'abord, trois drames philosophiques, où Ibsen, de 40 à 47 ans, rompt avec tout le passé de sa race et toutes les idées de son temps. — *Braud*, 1866, où le monde chrétien l'ait un effort suprême et inutile ; *Peer Gynt*, 1867, où la nature se justifie ; *Empereur et Galiléen*, 1869-1874, où le monde antique et le monde chrétien en présence, vaincus tous les deux, sont obscurément pressés de s'unir pour donner lieu à une société future. Puis, douze drames modernes, où, de 50 à 70 ans, Ibsen fait la guerre à toutes les formes de l'institution et de l'hypocrisie sociales. Il s'engage dans la lutte plein de foi et d'enthousiasme, croyant de toutes ses forces à la vertu universelle de la liberté : tout le mal est dans l'obéissance et le mensonge. Il s'attaque donc à la société présente au nom d'une cité idéale, dans *les Soutiens de la Société*, 1877, *les Revenans*, 1881, *l'Ennemi du Peuple*, 1882, *le Canard sauvage* , 1884, *Rosmersholm*, 1886, et *le Petit Egolf*, 1894. Il s'occupe surtout du mariage et des femmes dans *Maison de Poupée. 1879, la Dame de la Mer*, 1888, et *Heddah Gabler*, 1890. Mais de bonne heure il doute cruellement de guérir le monde malade, et des remèdes qu'il lui offre. Il se met alors en scène sous divers noms : trois de ses drames sont d'amères confessions, des auto-tragédies héroïques, où le héros, sans accepter sa défaite, est toujours un vaincu : *Solness le Constructeur*, 1892 ; *Jean-Gabriel Borkmann*, 1896 ; et *Quand nous nous réveillerons d'entre les morts*, 1899. A tel point que toutes ses œuvres de la fin semblent le contre-pied des premières : *Rosmersholm* s'oppose à *l'Ennemi du Peuple, le Canard*

sauvage aux *Revenans*, *Heddah Gabler* à *Maison de Poupée*, *Solness le Constructeur* à *la Dame de la Mer*, *J. G. Borkmann* à *Solness* même, et enfin *Quand nous nous réveillerons d'entre les morts*, comme une négation décisive, à tout.

7. ↑ « Ibsen seul s'y est logé et seul il y demeure : c'est comme un chardon qu'ils se seraient mis dans les cheveux et qu'ils n'en pourraient ôter. » Lettre de M. Jonas Lie à M. le comte Prozor, — préface de *Borkmann*, XXII.
8. ↑ Il s'agit de M. Bjoernstjern Bjoernson qui, entre tant d'ouvrages bruyans, éloquens et confus, a fait une œuvre d'art : *Au-delà des forces humaines*. Ce drame a un mérite rare : c'est que, par endroits, on le dirait d'Ibsen.
9. ↑ Cf. *la Comédie de l'Amour*, 1869 ; *l'Union des Jeunes*, 1869 ; *les Soutiens de la Société*, 1877.
10. ↑ Cf. *Brand*, 1866 ; *Empereur et Galiléen*, 1869-1873.
11. ↑ Il est gradué de Christiania, en date du 3 septembre 1850 : il avait 22 ans et demi. Son diplôme porte la mention : *non contemnendus*. Il a de bonnes notes en latin, en français, en religion, en histoire et en géométrie. Il a *mal* pour le grec et l'arithmétique.
12. ↑ Ibsen n'a pas quitté la Norvège avant 1864. Il est à Rome en 1866 ; à Ischia en 1867. Il vit quatre ans en Italie, et la plupart du temps à Rome même. On l'y retrouve plusieurs fois de 1870 à 1880 ; il s'est arrêté aussi à Naples et à Sorrente. De 50 à 60 ans, il a surtout vécu à Dresde et à Munich. Il doit ses premières victoires aux théâtres allemands.
13. ↑ Lettre à M. G. Brandès.
14. ↑ Ibsen aime même beaucoup ce mot si vague et si froid. C'est un trait de sa génération. Les hommes qui ont eu de 20 à 35 ans en 1848 ont fait un terrible abus de « l'idéal. » Mais on n'a pas souvent mieux à se mettre sous la dent. Et les hommes de cette époque avaient l'âme généreuse.
15. ↑ Cf. *Sur les Hauteurs*, poème d'Ibsen, traduit par G. Bigault de Casanova.
16. ↑ « Mince, un homme au teint de schiste, avec une large barbe, noire comme du charbon », c'est le portrait qu'en a fait Bjoernstierne Bjoernson.
17. ↑ Ibsen est né à Skien, au Sud de la Norvège, le 20 mars 1828.

Tolstoï est né à Iasnaïa Poliana, au cœur de la Russie, le 10 septembre 1828 (28 août, vieux style).

18. ↑ Le cauchemar du soleil, dans *les Revenans*. La forêt dans un grenier, du *Canard sauvage*. La tour de la maison, dans *Solness*. La mort sur la neige, de *Jean-Gabriel Borkmann*.

IBSEN

II[1]

SUR LES GLACIERS DE L'INTELLIGENCE

V. — PUISSANCE ET MISÈRE DU MOI

« Je ne sais qu'une révolution, qui n'ait pas été faite par un gâcheur ; » dit Ibsen à son ami, l'orateur de la révolte : « c'est naturellement du déluge que je parle. Cependant, même cette fois-là, le diable fut mis dedans : car Noé, comme vous savez, a pris la dictature. Recommençons donc, et plus radicalement. Vous autres, occupez-vous de submerger le monde : moi, je mettrai la torpille sous l'arche, avec délices. » L'État est la malédiction de l'individu : qu'on abolisse l'État. Toute notre morale sent la pourriture, comme les draps d'enterrement : qu'on abolisse la morale et l'église. Le moi a sa morale prête ; le moi a son église. La joie de vivre ne peut-elle pas suffire à l'homme, désormais ? Le moi est bon ; il est clair ; il est solide. Il ne laisse rien d'intact, parce qu'il vaut beaucoup mieux que ce qu'il détruit. Le moi est l'honnête anarchiste qui ne sépare pas le plaisir de la justice, ni la volupté de la vertu. C'est pour faire le bonheur de la planète, qu'il met le feu à la ville. Il prêche ingénument le retour à la nature, tant il a peu de malice. Mais qu'est-ce bien que la nature, sinon le bon plaisir tempéré par la plus pure vertu ? Et, du reste, s'il n'en était pas tout à fait ainsi, le moi, qui est toute excellence, se fera juge aussi de la nature. Et d'abord il faut délivrer les femmes. De la nature ? Sans doute, car, au fond, la nature se dissimule sous les lois, qui n'en sont que l'habit politique. Le moi est l'universelle pierre de touche ; il a la vérité ; il a la santé ; il n'erre pas ; à lui de purifier l'espèce ; à lui de la condamner, ou de s'y préférer. Le moi reste la seule puissance et le seul juge. Il n'a qu'à vouloir.

L'idole de la volonté. — L'ivresse du moi : dans sa force il se croit bon ; et il se décide à agir, pour donner une preuve de sa force.

Être soi tout entier ne diffère en rien d'être soi-même. On s'en fait un devoir. Tout ou rien, c'est la politique de notre morale. Le moi n'a donc pas honte d'être optimiste ? Loin de là, quand il n'en sent pas encore l'horrible nausée, le moi est fanatique du bien qu'il se flatte de faire. Nul n'a plus de foi : il la porte dans les moindres faits de la vie ; car une foi semblable n'est que le furieux appétit qui se jette sur tout.

Il s'assure qu'il suffit à un monde. Puisque tout est mauvais, et que tout pourrait être bon, il est juste de monter à l'assaut, et de miner le mal dans sa citadelle. Il s'agit toujours de tout détruire. Voilà le comble de l'espérance, et qui marque plus de force dans le génie que de clairvoyance. Où la volonté domine, les idées n'ont pas besoin d'être claires ; l'homme voit le monde à travers son désir ; il ne l'a point encore saisi de près, y regardant les yeux dans les yeux ; et celui qui devait être le plus intelligent des poètes, pendant longtemps, n'a pas eu tant d'intelligence que d'énergie. La volonté, cette forme du moi en action, doit renouveler le monde. Va droit au but, se dit le héros ; délivre la volonté, ou succombe. Voilà le comble de l'espérance jusque dans le désespoir ; et, ivre de soi, il s'écrie : « C'est là vivre ! Briser, renverser, frapper ! Déraciner les pins ! Voilà la vie ! Voilà qui endurcit et qui élève ! » L'anarchiste exulte, parce qu'il espère. Dans tout anarchiste qui a la foi, il y a un optimiste qui délire ; et qui peut-être, un jour, s'il guérit de sa folie, la prendra en dégoût. L'enfance de ce tyran, voué à l'exil, jette d'épaisses gourmes. Qu'il est encore loin de sa beauté et de sa grandeur !

Le mouvement importe plus à la volonté que le plan où elle se meut ; et plus que le terme où elle va, la vitesse de la course. Quand les héros d'Ibsen proclament qu'ils sont libres, ils n'ont plus rien d'humain. « Dieu n'est pas si dur que mon fils, » dit la mère de l'indomptable Brand ; et ce pasteur, machine à vouloir, qui ne veut vivre que pour le Christ, avoue, dans son triomphe, qu'il sait à peine s'il est chrétien. Le plus affreux mystère du moi, c'est qu'il arrive un moment où la volonté tourne à vide. On met tout à feu et à sang ; la nuit vient et l'on s'assied dans l'ombre, se disant : Je ne crois plus, je ne sais plus ; vais-je donc ne vouloir plus ? Car que m'importe de tout être, où il n'y a rien ?

Le moi pressent le danger mortel du doute : ne faites jamais la folie de douter de vous-même. Il faut croire en soi. Rien ne nous est bon que ce qui nous y aide ; il n'est mal, que ce qui nous en éloigne.

La volonté est l'organe de la puissance. Être soi, c'est dominer. On ne veut que pour pouvoir. Puissant en énergie, je ne vis que pour être puissant en actes. Il faudra que je vous le fasse sentir, ô mes frères très libres. Le pouvoir, voilà la vie, l'appétit de l'homme, la propre affinité de son sang.

Même vaincu, l'homme puissant ne baisse pas la tête. Il ne regarde pas sa vie comme perdue : tant qu'il lui reste un souffle, c'est une haleine de volonté qu'il respire. La mort même ne ruine pas toujours cette espérance. Le grand moi est pareil au phtisique dans la force de l'âge ; quand tout est détruit et que la mort s'annonce, il connaît une dernière fièvre, un rêve suprême, où il s'endort dans son propre poison.

Antique et Moderne. — Ils sont plaisans de prendre la vie antique pour le modèle d'une vie libre.

Le fait et le moi s'opposent ; ils se bravent ; et l'un toujours asservit l'autre. L'art antique est forme, et soumis au fait. Le moderne est sentiment, et le moi y domine. L'antique est horizontal, surface, si je puis dire ; le moderne, volume, profondeur et vertical.

L'ordre et la beauté antiques viennent de ce que le cœur manque, c'est un art sans âme ; moyennant quoi, il est tranquille. Les enfans aussi ont la paix grecque : ils jouent dans la chambre où leur mère se meurt, et jusque sur le lit, si on les laisse jouer. J'admire cette sérénité, et, malgré moi, je la méprise.

Le grand avantage d'Athènes sur Paris, pour la vie heureuse, c'est que je suis à Paris et qu'Athènes n'est plus. Nous mettons l'âge d'or dans le passé, par prudence : il ne faudrait pas le défier d'être. L'enfance de notre âme est la fée, et d'or enfin tout ce qu'elle touche. Mais tout ce qui nous touche est de terre, sitôt que nous sommes touchés. Le plus sûr est de rêver.

La beauté manque à Ibsen : de là qu'il fait le rêve de l'antique. Il cherche l'ordre. Il le veut à tout prix. Mais il n'arrive pas à y sacrifier la vie intérieure, notre chère folie, et la sienne.

L'antique est sain comme le vide, assez souvent. Ce qui est tout à fait sain est nul, sans doute. Les vivans sont des malades, et pas un n'en réchappera. Tout homme est malade. Les anciens ne pensaient pas l'être ; ils se croyaient bien portans, tant qu'ils ne souffraient pas de paralysie. Mais eux-mêmes, à la fin, ils se sont vus paralytiques.

L'antique est si peu le Moi, que le Bouddha le nie au nom de la volupté même.

La conscience malade, voilà le théâtre de la fatalité moderne. Comme le cœur, on ne sent sa conscience que si l'on en souffre. La tragédie grecque n'est que le fait. Les hommes tombent comme les générations des feuilles. Aussi la tragédie grecque nous semble presque toujours admirable, et ne nous intéresse presque plus. Il n'y a que la terreur, et la pitié n'y est qu'une peur réflexe. Ce ne sont guère des hommes : mais des dieux aveugles et des automates aveuglés.

La tragédie moderne, c'est le moi en contact avec le monde. Le moi est plein d'énergie : acte contre acte. Le fait, et un déluge de faits tous terribles, ne sont pas si tragiques qu'une seule décision à prendre pour la conscience malade.

Nous sommes tous chrétiens malgré nous : si nous sommes pensans. Et c'est en vertu de notre âme, qui est à elle seule, et pour soi, l'état, le monde, et toute la cité. Il est vrai que le propre chrétien est en présence de son Dieu. Sans son Dieu, il est suspendu dans le vide. Mais combien, de là, les vues sont puissantes sur le fond, et hardies dans l'abîme.

Le christianisme a créé le monde intérieur. Il n'a pas du tout supprimé l'autre : il l'a réduit à la seconde place. Un Athénien chassé d'Athènes n'était plus guère un homme ; car, pour être homme, il fallait d'abord être citoyen. Désormais, je suis homme dans Sirius même. On ne peut m'en ôter le caractère. Ils le savent bien, tous ces grands exilés, qui ont commencé de l'être dans leur propre ville, et dès le sein même de leur mère.

Que le moi est le parfait pessimiste. — Ibsen a tous les dehors de la méchanceté. Il ne plaint pas ses victimes. Il prend la plupart de ses héros dans la paix d'une condition moyenne, et il les pousse à la mort, d'une main pesante, d'une allure rapide. Le nid de la honte et du mensonge est fait comme celui des oiseaux, patiemment, d'une foule de débris, et très souvent d'immondices : là, il fait tiède, et les hommes ont chaud. Ibsen les tire de ce bon poêle, et les traîne dans l'hiver de la vérité nue, sous les étoiles glaciales. S'ils tombent frappés par le vent de la nuit, il reste encore un orage de neige sur leur cadavre ; et s'ils hésitent au bord du précipice, où il les a conduits, d'un coup violent entre les deux épaules, il en hâte la chute. Il ne pleure pas sur eux ; parfois, au contraire, il les bafoue. Sa tristesse est sans douceur ; elle aime le sarcasme. Il est dur ; il a l'air cruel ; il semble jouir de la catastrophe, tant il se soucie peu de l'amortir. Ses traits tiennent de l'acier ; il coupe et il tranche dans la vie et dans les passions comme dans une matière morte. Et les gouttes de sang, cette rosée fraternelle des larmes, il les tarit aussitôt à la manière du chirurgien, sûr de sa méthode, qui lie les artères et suture la plaie.

Dans son insomnie, l'homme qui aime le plus ses chiens, les hait aboyans. On ne les hait pas pour ce qu'ils sont : il serait trop absurde. Ni les chiens aboyant la nuit, ni la foule des hommes dans la cohue, ne méritent la haine. On ne leur en veut pas de n'être point ce qu'on est soi-même ; mais s'ils ne sont pas odieux, ils peuvent être insupportables. Ils ont l'air d'appeler la haine, comme le solitaire se donne l'apparence de la leur vouer.

Ibsen n'a point de méchanceté ; mais il n'a pas de bonté davantage. C'est qu'entre lui et les autres, le cœur manque ; le pont rompu empêche tout passage entre les deux rives du torrent. L'esprit ne sert de communication aux hommes que pour se mesurer, ou se fuir ; au mieux pour se connaître et passer le temps. Il n'aide point à vivre, l'amour seul y suffit.

La méchanceté d'Ibsen est un préjugé contre lui : on le juge méchant, parce qu'on voudrait qu'il fût bon. Il n'est ni l'un ni l'autre dans son œuvre. Il est froid comme l'intelligence. La froideur est le propre de la pensée ; à la longue elle dédaigne même de prendre parti. Elle paraît toujours méchante aux souffreteux de la vie, — car ils réclament des soins. La force fait peur aux faibles.

On ne peut avoir que froideur ou dédain pour les hommes, quand rien de suprême ne commande l'amour. L'amour de Dieu et l'amour humain se portent l'un l'autre. La pitié n'est pas une inclination ordinaire ; l'être y met tout ce qu'il a de meilleur, — à ses dépens. Combien d'hommes enfin n'ont eu ni pitié ni tendresse pour les autres, qu'à la condition de sentir sur eux-mêmes la tendresse et la pitié de Dieu ?

L'orgueil de l'esprit ne souffre pas de paix bâtarde. Entre ce qui lui semble juste et le contraire, point d'alliance. Pas de charité. L'erreur n'est point un objet de pitié. Comme tant d'autres, Ibsen du moins n'essaie pas de me faire croire qu'il me dépouille pour mon bien, et que j'en sois plus riche.

La volonté pure, c'est la morale, jusqu'à un certain point ; mais c'est encore plus la loi de fer qui destine les uns à ne rien valoir et à en être châtiés, les autres à avoir un haut prix, à le connaître, et à frapper ceux qui ne l'ont point. Quel que soit, d'ailleurs, l'étalon de mesure. C'est peu que ma force fasse mon droit, elle en fait l'excellence.

La volonté pure n'a rien d'humain ; elle est cruelle comme un glaive, et sourde comme la mécanique. Qu'en semble à tous ces professeurs de fade humanité, ivres de vin doux et de raisons abstraites ?

Que tous les hommes soient purs : ils n'auront plus besoin de vouloir, ni de se faire quelque bien. En attendant, aux plus purs de vouloir pour tous les autres, — à eux de faire régner leur volonté. Leur droit est évident, s'ils le peuvent. Et, s'ils le font, à coups de hache. Cela s'est vu.

La morale sans charité est une espèce de méchanceté irréprochable. De là, que l'homme le plus pur peut paraître le plus méchant.

On délire plus aisément en morale qu'en persécution et en grandeur. La vertu facile est aussi une idée fixe. La morale parfaite est l'ennemie mortelle de la morale.

On fait une confusion, quand on se sert de l'esprit pour ruiner la conscience ; et non moindre si l'on s'en sert pour la fortifier. L'intelligence s'attaque aux lois de la morale, comme si elles étaient un produit de l'esprit. En rien : c'est une nécessité de la nature.

La morale est la face visible de la religion. Ruinez la religion ; mais ne vous flattez pas de sauver la morale. Même dans la religion, il n'y a que le tenace, le pressant, l'ardent besoin de vivre. On ne croit pas par raison, mais par nécessité ; et d'instinct : — non pour satisfaire à la logique, mais pour vivre. Aristote mourant pouvait seul savoir combien la nature se moque d'Aristote. La foule des hommes court au plus pressé, et commence par où la plupart des philosophes finit.

L'étrange démarche de l'esprit, il est mort quand il triomphe. La morale ne tient pas devant lui ; mais dans la morale, il ne renverse pas des lois factices ; il va, encore un coup, contre la vie. Quant à moi, j'y consens ; mais il ne faut pas feindre qu'on délivre les hommes, quand on les tue. Partout où la vie persiste, la religion remplace la religion, et la morale la morale. Il y a bien lieu de rire et de prendre en pitié cet esprit qui se croit libre : pas plus que le cours des saisons.

Une naïveté sauvage permet seule à ce moi de croire longtemps à l'excellence de son œuvre. Qu'il en juge sur sa victoire : après le combat, il peut voir ce qu'en font les soldats de l'armée, ces partisans d'occasion, tous mercenaires, et les femmes surtout. La plus noble cité est à feu et à sang. Où est le gain si pur que l'on devait faire ? L'armée a perdu tout ce qu'elle avait de bon ; elle n'a rien acquis de cette excellence, qui devait lui venir de surcroît et nécessairement. Qu'on est honteux, vainqueur, de se voir vaincre dans les autres ! Ibsen, une fois, s'est mis en scène avec cette parodie. Il montre la honte d'être vrai et d'avoir cru aux hommes. Le peuple, ailleurs, se charge de la leçon. Malheur à celui qui découvre la maladie de tous, et prétend guérir les malades : ils ne veulent pas qu'on les soigne, parce qu'ils ne veulent pas être malades. Le bon médecin ne flatte pas le peuple ; et le peuple veut être flatté. Il faut respecter en lui le mensonge, parce qu'il tient à son mensonge, comme la chair à la peau. Et, après tout, il a raison. Car, à quoi pense le docteur Stockmann ? À écorcher vif ce peuple ? — Il n'a donc pas tort de répugner à ce qu'on l'écorche. Aussi bien, le médecin qui aime trop la vérité, n'aime pas assez son malade. Prétend-il, lui seul, à créer une cité pure ? À faire un monde où tous les hommes soient vrais ? intelligens ? sans péché ? où toutes les eaux seront de cristal ? où enfin il n'y ait pas un malade ? — Ce rêve est bien vain : dans le monde qu'il suppose, il n'y a pas place à la mort. Dès lors, à quoi bon le médecin ?

Ibsen n'a point gardé à l'intelligence le haut rang qu'il l'invitait à prendre. Comme beaucoup de très vieux sages, il semble conclure à la loi du bon plaisir. Que chacun le prenne où il veut ; c'est déjà beaucoup qu'il le puisse. Il n'est que d'asseoir sa vie dans la volupté, depuis la plus basse jusqu'à la cime du grand amour. Le parti d'aimer est le plus sûr. Il le dit, cet Ibsen autrefois si glacé, si rigide ; et nul épicurien ne fut jamais plus triste, que ce sceptique au désespoir, couronné de neige et d'asphodèles funéraires. L'aveu lui en vient aux lèvres, — une espèce de regret de n'avoir pas suivi lui-même cette règle[2] : combien il est admirable qu'au moment même où il l'exprime, dans un soupir, il fasse entendre qu'à n'en pas douter, il ne l'eût jamais pu vouloir ? — Incurable vieux homme, du vieux temps, et noble jusqu'aux moelles : son âme religieuse habite le temple désert.

Solness invoque le Tout-Puissant, dans sa détresse. Je puis bien ne croire à rien, mais non pas faire que je me passe de croire. La force religieuse d'un esprit marque son envergure. La religion est l'étendue de l'âme, et, comme elle, s'espace dans ce sombre univers. Plus la religion s'éloigne de nous, plus il nous appartient d'en sentir le manque et d'en souffrir. La vie éternelle est la grande maladie dont nous ne pouvons guérir. Pour la foule des hommes, la religion est tout ce que les âmes bornées et les esprits vulgaires ont d'espace et de vue. Je plains ceux pour qui il n'y a pas de mystère : ils n'ont de mystère pour personne ; et aussi peu de vie, à proportion. Que pèse, ici, un peu plus d'intelligence, ou un peu moins ? Une sotte vanité, et l'ignorance du fond ont donné seules quelque prix à ce qui en a si peu pour vivre.

Le moi est le profond pessimiste : car il est seul.

Le plus malheureux est le plus seul, si grand soit-il, ou se vante-t-il d'être. Et celui-là veut vivre ; il s'y attache d'une étreinte désespérée, d'une ardeur si violente, qu'après tout elle est basse : il est tout ventre, et tout affamé pour cette nourriture unique et sans pareille.

Plus l'homme est heureux, plus il lui est facile de mourir. Heureux et confiant, cet homme est un enfant qui joue : il ne croit pas à sa mort ; il ne la pense même pas. Il ne croit qu'à l'instant ; et tout instant est vie. Étrange ironie que plus on ait de bonheur, et moins l'on se sente.

L'homme tout en soi, jusque dans l'excès de la joie, médite continuellement la mort. Ainsi il ne peut la souffrir. L'ombre seule, le soupçon, le nom lui en est horrible. La lumière du jour en est obscurcie ; le soleil en est éteint à midi. La pensée cruelle frappe soudain au cœur, besaiguë affilée qui, après avoir tranché dans le vif de l'espérance, transperce le sentiment même de la possession.

L'homme de foi joue au soleil, dans la pleine nuit. Je ne sais point ce qu'elle est, ni où elle se fonde, cette religion : mais certes elle est une bonne lumière pour une foule d'hommes. Elle ôte toute créance à la mort. Je juge de la foi là-dessus. Elle vivifie la vie. Elle rassure l'agonie, comme une mère apaise la nausée d'un enfant qu'elle purge. Voilà ce que j'en suppose. J'ai lu ce texte dans les yeux de quelques hommes. Comment n'admirer pas la main qui l'a écrit ?

VI. — LA NUIT À LA FIN DU JOUR

Pour qui vient du Nord, l'Italie est la révélation d'un monde où la joie est permise. Ce que le rêve a conçu dans le vide a donc son lieu quelque part sous le ciel ? L'Italie enseigne la joie de vivre, parce qu'elle fait croire à la beauté d'être libre : c'est le pays où il semble possible d'aller tout nu, sous les orangers, sans prendre froid. L'accord du rêve avec les faits, tel est, d'abord, le prestige de l'Italie ; l'artiste pense y retrouver une patrie perdue : il y découvre l'harmonie.

Je me représente Ibsen à Rome ; il y était, comme il avait quarante ans ; encore un peu, et il serait dans le plein de ses forces. On m'a montré sa maison, retirée et paisible. Il vivait dans le soleil ; il lui semblait surprendre le secret de la nature, et qu'elle vit dans le plaisir. C'était avant l'entrée des Italiens dans la ville fatale, où toute ambition doit trouver son terme, et où nul palais ne se fonde qu'il n'y marque la place d'un sépulcre. À cette époque, Rome était encore le plus noble oratoire de la méditation ; le tumulte n'y avait pas pénétré, ni cette foule qui prend pour une fumée de gloire la poussière qu'elle piétine, et qu'elle soulève du pavé. On m'a vanté cette vie sans événemens et sans bruit, si calme et si profondément lumineuse que Rome offrait alors aux hommes en exil, La liberté y régnait ; car il n'est de vie libre, que celle où il ne se passe rien. L'Italie a gagné Rome ; et l'homme l'a perdue. À tous, elle ouvrait un grand silence, asile égal à l'espace désert de son horizon.

Pourtant, s'il est plus facile de croire au bonheur, ici qu'ailleurs, à la longue il n'est pas moins vain, ni moins ridicule. La lumière romaine éblouit ; mais trop de clarté, aussi, aveugle.

Le rêve de la lumière. — L'identité de la force et du droit est évidente pour la raison. Il n'y a point de victimes dans le monde ; il n'y a que des infirmes et des anémiques. Pour l'esprit, l'ignorance est une anémie. Comme on donne de la viande crue et du fer aux sangs pauvres, que les faibles se nourrissent de rancune et de révolte : ils s'en feront plus forts, s'ils peuvent l'être ; et ils seront libres, quand ils auront la force.

La force est sainte : elle sert d'assise à la cité nouvelle. Au besoin, il faut être cynique dans le culte de la force. On l'a toujours servi, mais sans oser le dire. Ibsen invite les hommes à la franchise, dans la parole et dans l'action. Où la vérité importe, rien n'importe que la vérité. D'ailleurs, la vérité est toujours cynique pour le mensonge. L'audace est la vertu des rebelles. Que les femmes ne craignent donc point d'être cyniques, elles qui n'ont pas craint jusqu'ici d'être faibles. Elles auront assez de pudeur, si elles ont la force de se rendre libres.

Il y a eu un temps, de la sorte, où Ibsen voyait une hypocrisie haïssable partout où la force dissimule son droit, et partout où la faiblesse ne revendique pas le sien d'être rebelle. Ainsi la lumière donne la fièvre à la campagne de Rome et sur ce désert prodigue la magie du sang et de l'or ! Dans la vapeur des marais, une moisson héroïque se lève. Ce n'est plus même le mirage d'une plaine féconde, qui promet de la vigne et du blé : c'est la propre illumination des rêves qui n'ont point d'ombre, où la volonté n'appelle plus son objet, mais se jette à la rencontre, s'en croyant appelée.

Voilà comment cette Campagne, non moins qu'aux héros, est si chère aux vaincus de la vie. Tous y goûtent la défaite, au sein de l'irrémédiable défaite, l'écoulement des siècles. Ils la consolent dans la condamnation sans bornes de toute grandeur. Les malades de la volonté s'endorment ici ; et les possédés de puissance s'y enivrent d'insomnie. Comme à Ostie la pierre même se délite, la volonté qui se brise, à Rome se liquéfie en lassitude ; mais au Forum, les colonnes, vieilles de deux mille ans, poussent la terre d'un front têtu, et sortent de la poussière. Le poison de Rome endort les cœurs faibles pour jamais, et ranime la folie des puissans.

Quelques hommes, pleins de force, contractent à Rome une fièvre que la quinine ne prévient pas, — la folie de l'empire. Si c'est un mauvais air comme l'autre, je le crois ; mais l'âme en est avide ; elle ne veut pas guérir de ses frissons ; elle s'y plaît étrangement, jusques à y périr. C'est ici qu'Ibsen, cessant de prêcher et de chercher systèmes, s'est saisi dans sa force à pleines mains, et s'est jeté, tête à tête, contre tout ce qu'il nommait encore le mensonge : lui seul contre tout un peuple, une race, tout un siècle, — un homme contre tous les autres. Comme il nous faut toujours donner de beaux noms aux œuvres où nous ne mettons rien que de nous, Ibsen appela son parti la guerre de la vérité et de la vie contre l'éternelle imposture qui domine l'instinct des hommes. Toutes ses œuvres héroïques, il les a conçues en ce temps-là. Alors, il préférait combattre à vaincre. Cette force hautaine, et sans pitié, Rome l'a nourrie. Et cette volonté absolue de régner, fût-ce par la destruction, est une fille de la solitude romaine. Quoi de plus ? Elle devait finir par se tourner contre elle-même : c'est le progrès ordinaire de la volonté intelligente. Dès sa première heure à Rome, dans Ibsen, sûr du triomphe pour demain, je sens un vainqueur dégoûté de la victoire, et dédaigneux de la cause qu'il fait vaincre.

Enfans et femmes. — Les vieillards caducs et les enfans sont absens de son œuvre. Il ne représente guère que les hommes dans l'âge mûr, les femmes et les jeunes gens. Là seulement, en effet, la volonté et les passions ont toute leur force.

Les vieillards somnolent, et sont odieux s'ils agissent avec violence. Les vieillards sublimes ne courent pas les rues, dans la ville moderne ; et les autres, trop souvent, se font écraser. Les hommes mûrs et les jeunes gens sont forts, parce qu'ils sont égoïstes et ne croient pas l'être. Ils mettent leur amour de soi-même jusque dans la foi, dans les idées et le sacrifice. Le bel âge est à plus de cinquante ans, et moins de soixante[3] : tout y est tragique ; la mort est derrière la toile pour faire le dénouement. Il faut avoir cet âge pour jeter d'une main imperturbable son épée dans la balance de la vie. La jeunesse fait plus encore : elle entre de tout son poids dans le plateau, et rompt l'équilibre : ce n'est qu'à cette saison de la force, que les hommes sont capables de mourir pour une idée vague, et les femmes de tuer pour une sensation.

Trop souvent, le théâtre confie aux vieillards un emploi héroïque ; c'est l'erreur qui empêche tant de gens de croire à la tragédie : peu d'hommes se persuadent qu'il y en ait qui veulent mourir pour une idée, ou souffrir pour elle, ou faire souffrir. Que ne leur fait-on voir des héros dans la force de l'âge ? — Les vieillards ont l'apanage légitime de la sagesse. Mais la sagesse n'est pas scénique : elle est pleine de calme, en son essence, sereine et presque indifférente. Elle contemple, qui est le contraire d'agir. Les beaux vieillards ne sont à leur place que sur le théâtre des dieux.

La scène humaine est aux fous. Les héros sont des fous qu'on admire. Encore ne les admire-t-on pas toujours ; et même le siècle veut qu'on les méprise.

Qu'Ibsen soit loué de n'avoir pas fait tourner toute la vie des idées et des hommes autour des petits enfans. Sans qu'on les y voie, le théâtre moderne n'est plein que de ces minces créatures ; et ce n'est encore rien auprès de l'embarras qu'ils donnent en tous lieux, hormis à la campagne. Ils ne sont pas peu responsables de la mollesse universelle. Ce sont les germes destructeurs de l'énergie ; près d'eux, elle s'use et se prodigue en menuailles ; le grand amour tombe en poussière de soucis.

On s'imagine que la pratique d'une tendresse égoïste corrobore la valeur personnelle de l'homme. Quelle erreur : l'égoïsme des mères et des pères, en général, énerve toutes les vertus au profit d'une seule. Ce qu'ils ont de vigueur pour penser et pour agir descend au bégaiement de la chambre aux jouets ; ils ne peuvent pas faire croître d'un coup le cœur ni l'esprit des enfans ; mais ils abaissent les leurs au niveau de ces dieux dans les langes : et même les passions se rapetissent à l'image de ces petits. Il arrive, en outre, que les hommes se font une arme de leurs enfans contre les femmes, qui s'arment éternellement de leurs enfans contre les hommes : parodie de toutes les grandes luttes ; parodie même de crimes.

On peut aimer les enfans, comme ils le méritent ; on peut s'y plaire, ce sont les fleurs de la forêt. Mais le monde ne saurait pas tenir dans ces petites mains ; faut-il que les plus belles pensées s'abêtissent pour les distraire ? Même à regret, il sied de les tenir à distance. Ils sont touchans ; mais il l'est bien plus d'être homme et de vivre. Nous, hommes, nous avons à lire la grande tragédie de la vie et de l'art, à livre ouvert ; ce n'est pas notre rôle de la faire épeler à ces petites bouches. Qu'ils rient et qu'ils jouent à l'écart : Ibsen les y laisse, car Ibsen est viril.

Jamais on ne fit la part plus belle aux femmes que dans « Maison de Poupée. » C'est l'homme le plus sot qui lasse l'amour de la plus charmante entre toutes les femmes. Mais quelle folie est la sienne de prendre pour une injure inexpiable, qu'on la traite en poupée ? — Et si même elle l'était ?

Où y a-t-il, dans le monde, beaucoup mieux que des poupées qui parlent, et qui s'imaginent de parler seules, de penser et de marcher ? — Si rien de plus qu'eux-mêmes n'anime les automates, en quoi un automate l'est-il plus qu'un autre automate ?

Celle-ci se fait un grand deuil d'être la poupée de son mari, et s'accuse de jouer à la poupée avec ses enfans ; mais de quoi se soucie-t-elle ? Et si à ce jeu les enfans s'amusent, d'une joie divine et sans partage ? Une femme va-t-elle se plaindre d'être la poupée de l'homme, en rougir et s'en révolter ? Mais que croit-elle qu'il soit ? L'homme est la poupée du destin. Et sans aller jusque-là, le fantoche de la cité, le pantin aux mains de mille idoles froides, qu'il appelle ses idées quand il les vante, et les lois quand il les hait. Ô vanité infinie des automates : cassant un ressort, ou changeant un rouage, ils croient changer de nature.

On ne peut rien exiger d'un autre être que l'amour. Aimer, tout est là. Qui est aimé est redevable infiniment à l'amour. Et plus encore, s'il se peut, qui aime. On vous aimait, poupées, et vous aimiez jusque-là. Voici que vous vous rendez haïssables.

C'est dans les femmes, surtout, que la bonté et le dévouement se confondent. Elles n'ont que des amours particulières, consacrées à peu d'objets. Elles n'aiment plus rien, s'il leur faut tout aimer. Qui a connu cette sorte de femmes, les préfère injustes à impartiales : elles se réservent alors tout ce qu'elles ont de cœur et de partialité. Qui nous aimera sans beaucoup de partialité ? — Leur esprit égoïse sans retour. Elles se savent si grand gré de ce qu'elles ont appris, et de penser : elles y sacrifieraient bien le monde entier, sinon elles-mêmes trop nécessaires à ce monde : tant cette qualité de comprendre leur est étrangère, qu'elles n'y portent aucune candeur, ni froideur ni désintérêt. Elles s'admirent dans leur esprit, comme les meilleures femmes n'ont jamais songé, un seul instant, à se vanter de leur cœur.

Le contraste. — Il y a deux ou trois ans, comme l'année était sur sa fin et n'en avait plus que pour deux jours, j'ai vu, l'une après l'autre, l'ennemie de l'homme et la très pure femme.

Je ne sais comment, j'étais entré dans une salle où une femme célèbre prêchait la loi nouvelle. Jeune et parée, des perles au col et aux oreilles, cette femme était couverte de tout ce que l'adulation de l'homme a mis de richesse et de luxe aux pieds de sa compagne. Un encens invisible de parfums entourait chacun de ses gestes. Derrière elle, sur le dos du fauteuil, une fourrure d'argent était jetée ; ses mains disaient vingt siècles de vie oisive ; sa jupe bruissait ; les voix de la dentelle, de la soie, du linge parfumé murmuraient autour d'elle, caressant ses membres, faisant à ce corps tant aimé l'écrin où tout le travail de l'homme est asservi et se consacre.

Cette femme avait toute la cruauté des idoles, et la vanité glaciale des marbres dans un musée. Elle s'offrait à l'adoration, s'adorant elle-même. Son sourire froid était posé, comme un masque, sur l'exécrable dureté de l'âme. D'autres femmes l'applaudissaient, toutes âpres, sèches et d'une fatuité cruelle. Si animées de colère et d'envie qu'elles fussent, ce n'était pas même contre l'homme, cet animal d'une espèce trop basse, — leur frère, j'imagine, leur fils ou leur père. Il semblait que ce fût plutôt contre un dieu caché ; car rien n'excitait plus haut la raillerie de ces femmes, leur sagesse et leur bel esprit que les vieux mots de bonté, de dévouement et de sacrifice. Elles avaient la figure des mauvais prêtres, quand ils insultent au culte qu'ils ont trahi. Et précisément, la grimace maudite de la haine plissait leur visage, quand le mot de « service, » le seul peut-être qui soit sans péché dans la bouche des femmes, — leur venait aux lèvres, où il prenait toujours le son très bas de « servitude. » Elles étaient si enragées d'apostasie que le plus innocent témoignage de l'ancienne religion en honneur parmi les femmes, ne trouvait pas grâce devant elles. La femme au parler d'orateur, s'indignait qu'on fît présent de poupées aux petites filles, pour leurs étrennes ; elle y voyait une ruse ignoble de l'homme pour asservir, dès le berceau, la femme à son foyer. Cette idole, par son luxe et sa parure la poupée du genre humain, déclarait la guerre aux poupons de bois, qui exercent les enfans aux douceurs de la caresse, et de l'amour. Car enfin, le dieu caché que ces créatures détestent, ce dieu douloureux et sacré, c'est l'amour et l'amour seul en effet[4].

J'avais fui. Je laissai cette assemblée méchante de femmes qui haïssent, et d'hommes qui chérissent leurs singes, et femelles à leur manière, goûtent le plaisir d'être avilis. Je rentrais dans le tumulte de la Ville.

C'était l'heure qui précède la fin du jour. Paris fiévreux et humide roulait sous la brume d'hiver, et tournoyait en tous sens comme faisaient, parfois, telles feuilles mortes, oubliées dans les avenues. Un temps malade et blafard. Le ciel jaunâtre se traînait comme la Seine, gluante et limoneuse. Tout semblait s'être épaissi, l'air jaune et la boue grasse. Sur la place de la Concorde, le pavé miroitait d'un regard terne. Le fer des grilles lançait un éclair morne. Le brouillard s'accrochait aux arbres, et dans les perspectives lointaines, entre les arcs de triomphe, on eût dit que l'atmosphère aussi fût devenue boueuse. Dans un coin, attendant l'omnibus avec patience, quelques petites gens se serraient sur le trottoir, levant parfois le nez pour augurer de la pluie prochaine, ou frissonnant des épaules aux bouffées d'un vent aigre, qui soufflait du fleuve.

Seule, un peu à l'écart, plus patiente que tous, et soumise depuis bien plus longtemps à l'ennui de l'attente, je vis une femme, qui céda l'unique place libre dans la voiture, à une petite vieille fort grise, et qui remercia en toussant, d'une bouche édentée. L'humble bienfaitrice sourit, aidant de la main sous le coude la petite vieille à monter. Puis, la lourde machine s'ébranla avec un bruit de ferrailles, en lançant de la boue jaune, rayons prolongés des larges roues.

Celle qui attendait, reprit sa station, sur le sol détrempé, au milieu des flaques… Je l'ai regardée longtemps ; et la paix, qui est une bénédiction, pour un moment rentrait dans mon âme C'était une jeune femme, une sœur de Saint Vincent de Paul. Elle n'avait pas plus de vingt-six ou vingt-sept ans. Elle était d'une grande et triste beauté. En vérité, si triste ? Non, pas pour elle, sans doute ; mais pour celui qui la contemplait, parce que la tristesse est en moi, et qu'elle est la suave louange des âmes les plus belles.

Nul souci d'elle-même ; mais au contraire une sorte d'éternel oubli de soi. Toute sa façon faisait l'aveu d'une extrême fatigue. Ses larges manchettes, roides d'empois, laissaient tomber des mains pâles et maigres. Sous le bras, elle tenait son parapluie gonflé d'eau, et un paquet ficelé dans un journal. De l'autre main, elle relevait sa jupe, et ses cottes de futaine noire : indifférente à tout ce qui fait le souci des passans, elle se troussait assez haut : on voyait ses pieds chaussés de pantoufles en cuir noir, sans boucles ni lacets, et les gros bas de laine noire tombaient à plis lourds le long de sa jambe. Son tablier mal serré, et les poches pleines, tirait sur sa taille. Dans sa lassitude, elle penchait de tout son poids, tantôt sur un côté du corps, tantôt sur l'autre. Certes, grande et si noble d'aspect, les épaules jeunes et larges, elle devait être d'une forme élégante ; mais il semblait qu'elle ne fût plus que l'ombre et le souvenir dédaigné d'elle-même. Elle se tenait sur cette place, comme une fille des champs, quand elle reprend haleine et, redressant son dos courbé, se donne un moment de repos, appuyée à la haie.

Elle était très blonde ; ses joues longues, son teint d'une exquise pâleur, animé d'un peu de fièvre ; et sur ses longues lèvres, sa bouche calme et virginale, un reste de sourire semblait prolonger son long menton un peu carré et ses paupières au dessin allongé.

Ses doux yeux d'ardoise étaient exténués ; les paupières gonflées enchâssaient le regard d'une lumière pâle. Sur sa tête, le vent agitait la cornette comme un gros oiseau de linge froid. Elle avait cet air frileux et incertain, qui est celui de l'aube, et la couleur d'une femme qui a veillé toute la nuit, jusque dans la pleine clarté du matin : elle avait dû prendre quelque repos vers le milieu du jour, et à la hâte baigner d'eau froide ses joues chaudes. Car les yeux d'un mourant venaient sans doute de s'éteindre sur les siens, et c'en était le reflet irrévocable que je reconnaissais sur son visage.

Simple et sans apprêts, sans témoins, cette fille de la charité, croyant les dissimuler toutes, avait toutes les beautés de la femme. Ibsen ne l'a pas vue ; mais il l'a cherchée, je le sais. Un homme vraiment homme ne peut pas méconnaître la beauté qu'il n'a point et qu'il préfère à toutes : celle qu'il espère de toutes les femmes, depuis qu'il a perdu les caresses de sa mère, et qu'il attend presque toujours en vain.

En possession de leur moi, les femmes n'ont pas acquis la bonté de l'homme, et elles ont perdu toute la bonté de la femme. Ainsi le monde humain, qui ne peut vivre que d'amour, se remplit d'aigreur et de haine confuse, et en paraît plus absurde encore.

La jeune Norah s'en va, faisant claquer la porte de la maison sur un mari ridicule et trois enfans délaissés. Ibsen montre ailleurs ce qu'elle devient : une demi-folle, errante et criminelle, qui tue et prend plaisir à tuer[5] ; au cas le plus heureux, c'est encore une criminelle, qui a horreur de son crime, et qui ne se délivre du remords qu'avec la vie ; ou bien une folle qui revient à la raison, en rentrant dans la règle[6]. Dès lors, à quoi bon ?

C'est toujours la folie et la méchanceté du moi, qui n'exige d'être libre, que pour délirer et faire le mal à son aise. Quand tous les hommes auront du génie, et que toutes les femmes seront saintes, il sera temps de les rendre libres :

ils auront bientôt fait de se détruire. Du reste, ce n'est pas de liberté qu'il s'agit : depuis qu'il y a des hommes et des assassins, des femmes et des impudiques, ceux qui veulent être libres et ne point suivre de lois que leur bon plaisir, l'ont toujours pu faire : et, le faisant, ils n'ont pas été libres, les malheureux : ils ont servi, comme les autres. La question est de savoir non pas s'ils le peuvent, ni s'ils en ont le droit, mais s'il est bon qu'ils le revendiquent. Et bon pour eux.

L'intelligence, qui ne risque jamais rien et n'expose que des théorèmes, décide aisément que le moi est libre, qu'il doit l'être s'il ne l'est pas, et se rendre la liberté quoi qu'il arrive. Qu'importe l'anarchie à l'intelligence ? Parler n'est pas jouer. Quand un livre n'a pas de sens, on le ferme et on passe à un autre.

La nature qui a d'autres charges, même si elle est souverainement aveugle, a des sanctions pesantes ; elle ne raffine point. L'anarchie des sexes l'intéresse ; son ironie terrible écrase les rebelles, et leur prétention confuse : la vie ne souffre pas beaucoup de confusions. Qui ne veut pas suivre la loi, qu'il meure. Qui cherche à l'éluder, qu'il s'égare. La folie et le crime, toujours la mort, voilà la peine qu'elle porte. Et comme elle est toute-puissante, ayant à faire aux singes de la force, cette nature impassible ne se contente pas de tuer : elle écrase les rebelles sous la mort ridicule. Ibsen l'a senti, en homme qu'il est : si la mort ne tirait pas le rideau sur ses drames, ils seraient en effet d'un ridicule achevé.

Restent les médecins. — Le médecin entre en scène, un composé de Tirésias et de la Parque, l'oracle et la fatalité des temps nouveaux. Il hante par métier les ruines de la vie. Quoi qu'il fasse, et comme elle, il condamne toujours à mort ; quand il est intelligent, c'est par lui qu'il commence. Il a pris dans la ville moderne l'importance bouffonne de la Pythie : personne n'y croit et chacun l'interroge. On a beau savoir le mystère de l'antre et du trépied, ce truchement de la mort gouverne par la peur. Sa gaîté est sinistre. C'est l'honnête Caron, qui ricane toujours, et à qui l'on doit se confier, pour le voyage.

Ibsen a modelé dans le bronze ces prêtres de la cendre. Ils sont d'une atroce sagesse. Comme ils savent le fin mot de la tragédie, ils le cachent ; forcés de le dire, ils le lâchent en riant à demi, dans un juron de colère, d'un ton brutal et cynique. Le bon médecin serait donc le mauvais homme ? Ibsen le laisse entendre : car le meilleur homme est un médecin qui tue. Parmi tous les comédiens, ce sont les plus redoutables, quand ils prétendent suffire à la vie, et qu'ils traitent les cœurs par la même méthode que les corps. Le bon médecin, dit Ibsen, est celui qui trompe le malade. Mais lui-même s'est mis dans la peau du médecin, qui ose dire la vérité aux hommes, et veut les nourrir de ce poison : non seulement il ne guérit personne ; mais tout l'hôpital se lève en révolte contre lui et le lapide. Ce médecin-là n'a plus qu'à laisser la médecine et les malades. La vraie science n'a ni espoir ni flatteries ; elle ne s'occupe pas des hommes.

Le médecin qui déclare la guerre à ses cliens, et leur tourne le dos, l'excellente idée ! Ils s'en porteront mieux, et lui aussi. Qui nous guérira de la médecine, qui se prend pour une religion ? Les médecins ne nous empoisonnent pas moins de leurs vérités que de leurs drogues. Qu'ils s'exercent à mentir, pour leur salut et pour le nôtre. Leurs hypothèses mêmes sont funestes : si la nature raisonnait à la manière des médecins, le monde serait déjà mort. Ibsen a jeté un profond regard sur la farce de notre vie, qui est pleine de médecins, à l'ordinaire des farces.

Il sait que le bon médecin trompe et aide à toute tromperie. C'est à lui de tuer sans rien dire, ou de frapper en bouffonnant, — ou de ne point paraître. Mais quoi ? se mêler de refaire le genre humain, et de couler la morale dans un nouveau moule ? Il faut que le médecin soit notre bourreau, puisque nous sommes sa victime. Il faut qu'il soit le dur greffier de la terre, l'huissier de la mort et du supplice. N'est-ce pas assez ? Qu'il enregistre notre exécrable défaite, puisque telle est la misère de notre condition qu'il nous faut aller là, où le mensonge se consomme. Que le fossoyeur ne se mêle pas de faire l'apôtre, le poète ni le chantre ; mais qu'il achève sans pitié la bête à demi morte, — et qu'il cache aux autres la vue du charnier.

VII. — TOLSTOÏ ET IBSEN

Cependant, à l'autre bout de l'Europe, tantôt dans sa maison natale, tantôt en Crimée, aux portes de l'Asie, depuis trois ans, Tolstoï se meurt. Deux coups d'apoplexie n'ont pas abattu Ibsen ; il s'est relevé ; il n'a encore touché terre que des genoux. Tolstoï, lui non plus, ne se laisse pas atterrer ; et, quoique frappé, il dresse haut la tête ; toujours le menton levé, il offre son front courbe, comme un miroir, à la lumière.

Au prix d'Ibsen, Tolstoï pourrait passer pour n'être pas intelligent. Il va plus loin, et reste en deçà. Il est pratique à l'infini. Le fait d'être homme et vivant, non l'idée, voilà ce qui l'occupe. Si on lui accorde son principe, il est difficile de lui refuser le reste : c'est le bonheur de vivre pour soi en vivant pour les autres ; et à moins de l'assurer aux autres, qu'on ne se l'assure pas. La pensée de Tolstoï est maternelle à tout ce qui respire ; l'amour de la vie en est l'organe. Jamais il n'a pu comprendre le droit de l'intelligence à détruire ; ni surtout que l'intelligence s'exerçât, de préférence dans la destruction ; il y voit un non-sens, une corruption absurde. Tolstoï ne sait pas encore que le cœur lui-même peut devenir l'artisan d'une suprême catastrophe.

L'intelligence n'épargne rien. Elle porte la guerre dans toute la contrée ; puis, restée seule, elle se met à la question ; et, dans la citadelle où elle s'enferme, elle passe le temps à se torturer. Ce front large, haut et rond, d'Ibsen est le bastion que je veux dire : la dure loi de la négation règne dans l'enceinte de cette pensée, derrière les remparts et les triples grilles. Et de toutes parts à l'entour, les fossés circulaires du néant.

En vérité, l'espérance de Tolstoï paraît sans bornes ; l'espérance est un voyage ; point d'espoir pour qui ne peut sortir de soi. Ibsen n'a que la vie, et déteste la mort ; jusque dans la mort, Tolstoï aime la vie. Il y croit, parce qu'il n'est pas réduit à lui-même.

L'un au Sud, l'autre au Nord, l'un aux confins de la solide et maternelle Asie, l'autre au bord du fluide océan et de la brume, les deux grands luminaires se couchent. Ibsen frappe à la tête, pour tuer. Tolstoï heurte au cœur, pour éprouver la vie. À la tête, Ibsen est frappé ; et Tolstoï au cœur. Leurs maladies mortelles les séparent encore. La mort pour Tolstoï n'est rien ; je l'en crois, quand il dit qu'il l'attend avec joie ; il la réclame, il la flatte. Il s'y fait, dit-il ; il sait gré à la maladie de l'y aider peu à peu et de l'y introduire ; il savoure avec douceur l'avant-goût du grand calme. Il ne la maudit pas ; il la bénit : il ose la bénir. Il aime les souffrances ; il en parle à la manière de Pascal, mais sans passion et sans fièvre. Il a le foie et le cœur atteints, à cause de l'éternel souci qu'il s'est donné des autres. Dans la dernière image qu'on a prise de lui, courbé, sur les genoux, maigre et défait, ravagé, la taille réduite, les épaules obliques, le corps n'emplissant plus les vêtemens presque vides de chair, le front sec, les tempes brillantes d'un divin chagrin, tout plissé de rides comme une terre où le labour de la mort a tracé des sillons, Tolstoï est tout yeux et tout oreilles : il écoute une voix ; il a vu sous l'écorce de la vie, là où, dans la nuit, une mère immobile appelle. On pleurerait de le voir ainsi : parce que la mort d'un tel homme est plus triste, quand on sent qu'il l'accepte.

Ibsen, lui, n'est pas si soumis. Il lutte ; il se débat en silence ; il maudit l'ennemie. Il sourit amèrement. Il ne tendra pas le col ; il hait la présence cruelle qui disperse les trésors d'une grande âme, trois grains de blé et une poignée de paille. Il n'a point de complaisance pour la maladie ; tous ses nerfs sont à vif ; la révolte lui fouette le sang et la bile.

Ces deux hommes, de charpente robuste et d'estomac puissant, ont été riches en passions fortes : elles durent chez Ibsen, et se lamentent en secret ; tandis qu'en Tolstoï elles sont toutes asservies. Je voudrais croire comme lui : car j'ai vu ce que vaut l'homme de foi pour vivre et pour mourir.

Tolstoï excite un grand amour dans son agonie. La pensée de plusieurs se tourne vers lui, et le cherche là-bas. Qu'il souffre en paix : pour seul qu'il soit, comme sont tous les hommes et les héros plus encore, il ne doute pas qu'on ne l'aime ; le suprême mirage console l'horizon de sa dernière étape ; et selon son vouloir, il est sûr d'être suivi. Au lieu qu'Ibsen ne l'espère même pas. L'esprit ne connaît pas l'espérance. Ibsen appelle l'amour, sans y croire : il n'aime pas.

Celui qui réclame pour tous, reçoit pour soi. Et celui qui réclame pour soi, est frustré de tous. C'est la loi. Quoi que je fasse, je ne puis conclure pour moi-même. Je m'épouvante à la fin d'être sincère : c'est toujours contre moi. Il n'est joie de vivre que pour les petits : c'est qu'ils se perdent. Avec tout son orgueil, Tolstoï ne se fût pas perdu, s'il ne s'était fait si humble. Je n'ai pas tant d'humilité, dit Ibsen ; on ne s'humilie pas comme on veut. Dans la grandeur et l'isolement, ni l'âme ni le cœur ne peuvent être satisfaits ; Paris, Rome et Moscou, à cet égard, sont sous la même latitude ; le compte n'est pas d'un degré en plus ou en moins d'élévation au pôle, — mais de voisinage avec Dieu. Qu'on me donne la durée, — et, en effet, mon bonheur dure. Je ne suis que trop capable de la joie : c'est elle qui me manque, dans la marée continuelle du néant, ce flux et ce reflux misérable de vie et de mort : partout où le temps fait défaut, partout je perds pied dans le vide dévorant aux parois de ténèbres : c'est la douleur qui tient tout l'espace.

Je suis perdu, si je ne dure. Si l'on ne me donne tout, je ne suis rien, et je n'ai rien. Si je ne fais que passer, je me suis un rêve épouvantable à moi-même. Et si l'éternel amour ne m'est pas promis, je doute même du mien : les beautés de mon propre amour me sont horribles, et les délices m'en déchirent.

Moi et démocratie. — L'erreur des démocrates est de croire que leur vérité en soit une pour tout le monde, et force l'adhésion. Quand leur vérité serait la seule, il ne s'ensuivrait pas qu'elle eût force de loi sur tous les hommes. Ni moi, dirait Ibsen, ni eux, ni aucun de nous, nous ne vivons que de raisons, si bonnes soient-elles. Je m'étonne peu que les démocrates aient une si belle confiance dans la vérité, l'humanité et toute sorte d'idoles abstraites. Le nombre est infiniment petit de ceux qui sont sensibles à la vie seulement et partout la cherchent sous les mots. La plupart se contentent d'en épeler les termes, comme on lit un lexique. Mais d'où vient que les démocrates ne voient pas leur étrange ressemblance avec les théologiens ? — Ils ont des dogmes ; ils sont assurés de savoir le fin mot du monde ; ils ont la vérité, et ne doutent point que ce ne soit la bonne. C'est les dogmes qui font la théologie : mais à la condition de n'être pas variables. Les démocrates varient comme les appétits. Je suis bien loin de dire qu'il n'y a point de vrais démocrates, sinon les religieux ; mais il n'y en a point sans quelque religion secrète ; le plus souvent elle s'ignore. Un démocrate n'est pas prudent qui se fonde sur l'esprit. Tous, ils ont foi au grand nombre. Telle est leur idolâtrie[Z].

Chaque homme, à son compte, peut croire qu'il est fait pour tous les hommes. Vivant pour soi, qu'il vive pour le genre humain, je l'admets, dès qu'il s'en propose le devoir. Mais que son devoir en soit un pour moi, je ne sais où il le prend. Et je ris qu'il m'y force. Car est-ce là cette liberté fameuse, que je sois forcé de faire contre mon sentiment ce qu'un autre décide bon que je fasse, parce qu'il lui plaît à faire ?

Les démocrates sont gens de foi ; et la preuve, — qu'ils ont en moi un hérétique. Je ne vois aucune raison que leur foi doive être la mienne ; et précisément parce qu'ils veulent que ce soit une raison. Le sentiment a fait leur croyance ; mon sentiment fait le contraire. Ce qu'ils invoquent contre moi, est ce que j'invoque contre eux. Je doute de leur droit sur ma vie par la même démarche qui les rend si hardis de n'en pas douter eux-mêmes. Ils sont théologiens par les dogmes ; mais il manque la pièce principale à leur théologie, celle qui porte toute l'armure, et proprement la forme. Ce ne serait pas trop d'un dieu pour m'ôter à moi-même. Comment donc m'y ôteraient-ils, puisque je n'y réussis pas ? — Pratique de ma prison comme je suis, et la détestant d'une telle haine, il faut que l'attache soit bien forte pour que je ne puisse la défaire. Je suis à la chaîne dans le cachot de ma pensée, et quoi que je fasse, je n'en sors pas. Si je suis démocrate, le hasard est heureux, et de ma part c'est bonté pure : car, pourquoi ne serais-je pas tout le contraire, avec le même droit ? Le moi sait justifier toutes ses démarches, parce qu'au fond il n'en justifie aucune : aveugle et brutal, il ne s'en soucie point ; clairvoyant et dans la pleine possession de son génie, il en sait le ridicule : le moi ne dépend que du moi. Ainsi donc, les démocrates qui sont tous théologiens, ne sont pas bien justes quand ils s'en prennent à la théologie, et recourent au sens propre : dans l'église la plus roide en discipline, il y a peut-être plus de place pour la foi des démocrates que dans le moi le plus libre.

Si même j'ai pitié des hommes, et si je les aime dans leurs misères, il ne s'ensuit pas que je fasse passer les leurs avant les miennes, ni que je me préfère le genre humain.

Car il peut arriver que je n'aime ni lui, ni moi. C'est en effet ce qui arrive. Ibsen m'en est garant.

Dans l'océan des hommes, dans la tourmente de l'infini, je suis comme la barque à un seul rameur, pour tout faire, pour tenir la barre et veiller à la voile ; j'ai mis à la cape dans la vie ; et je fuis dans le temps. À la vérité, je ne sais pas pourquoi : l'issue est certaine, et je ferai toujours naufrage ; mais tel est le moi : il ne pense qu'à son salut, ou, si l'on veut, à sa perte. Que m'importe tout le désert, tout ce vide éternel, toutes les vagues de la tempête, tous les sables de l'océan, quand bien même en chaque atome il y aurait un homme ? — Je ne puis tenir de frères que de la main véritable d'un père. Les discours, ni les vastes mots ne sont pas assez paternels pour mon âme ; les plus belles paroles n'ont pas assez de sang pour mon cœur, qui est de sang. Et même les plus belles, qui sont abstraites, me semblent les plus mortes. Pourquoi non ? Suis-je si sûr de vivre ? — C'est là aussi que je ne puis avoir foi, faute d'un père : pour l'accepter, il faudrait au moins connaître celui qui m'a fait ce don mortel de la vie.

Ibsen a cessé d'être démocrate, quand il a cessé de croire. À quoi ? — À tous ces mots, qui sont des morts et qui n'ont ni chair ni sang. Ce qui fait l'espérance et la paix des esprits médiocres, fait le désespoir des autres. Les idées sont presque toujours les mêmes en tous les hommes : ce sont les hommes qui diffèrent.

L'auberge dans le désert. — La Norvège montre Ibsen, comme étonnée de l'avoir produit. Il est le grand spectacle de Christiania ; on va l'y voir ; on y mène les étrangers, on le nomme dans la rue, et dans la salle publique où il lit les journaux, en buvant une boisson forte, on le désigne aux curieux.

Il ne hait pas qu'on l'admire ; pour le reste, il ne s'occupe pas des autres. Il ne lit point, sinon les nouvelles ; ni livres, ni poèmes ; il ne va jamais au théâtre, pas même à ses tragédies. De même, il passe dans la rue, sans s'arrêter aux menues comédies qui s'y jouent. Ses regards saisissent les gestes, les traits et les visages, comme une proie qu'ils dissimulent ; puis ils se referment sur le butin, comme on pousse une porte sur un trésor ; l'esprit, quand il est seul, pèse ensuite ses trouvailles dans la chambre secrète, et l'imagination façonne la matière. Ibsen est bien de l'espèce rapace, à l'égal des oiseaux de nuit : ils ravissent au vol, plus muets que l'éclair ; puis ils dévorent, solitaires ; et avares, ils se repaissent longuement.

Ces hommes-là vivent en ennemis au milieu des autres. Ils dérobent la vie pour la refaire. Ils n'ont pas pour elle la bonhomie de ceux qui la copient. Puissans et inflexibles d'esprit, ils sont timides dans l'action ; leur âme volontaire ne cède à rien ni à personne ; mais dans la rue, ils cèdent le pavé. Cependant Ibsen, marchant à petits pas, les yeux baissés, et les bras immobiles, — si on le heurte, si on le salue et le force à sortir de soi ; ou si, dans son fauteuil, presque caché derrière un journal, on le tire de sa lecture, —

il montre d'abord un visage hérissé et sévère, des yeux froids sous les lunettes d'or, et ce vaste buisson de cheveux et de barbe, broussailles où il a neigé, et où la bouche la plus amère semble prête à décocher une flèche de fiel. Qu'il lève la tête ou qu'il se retourne, quand il se croit regardé, l'homme sans liens aux autres hommes prend d'abord sa défense, qui est cet air dur où l'ennui timide se retranche et refuse l'accueil. Puis, il sourit, ayant reconnu un porte-flambeau ou un esclave. Mais déjà ce n'est plus lui.

Ibsen, tous les jours, s'en va donc lire les nouvelles dans le salon d'un hôtel. Que fait-il, cependant, dans la salle commune d'une maison, où les passans vont et viennent ? Ce n'est pas assez qu'il suive des yeux les mouvemens d'une ville, le concours de toutes ces fourmis dans les tranchées et les tunnels de la fourmilière. Est-ce bien, comme on l'a dit, qu'il épargne de la sorte la dépense des journaux ? Non ; quand cette raison ne serait pas mauvaise, elle ne peut pas seule être la bonne : Ibsen, à soixante-dix ans, n'a pas pour règle de gagner une ou deux couronnes sur les marchands de papiers. Je ne comprends pas un grand homme de cette manière basse.

Non. Je vois dans Ibsen, à l'hôtel, une image taciturne et séduisante du voyageur sédentaire, en son exil sans retour. Il porte la vie du solitaire à ces limites confuses, où elle cesse presque d'être humaine. Se sentir étranger à tout, voilà l'excès de la solitude. Ibsen, chaque jour, va vivre en banni, à l'auberge, dans le va-et-vient de tous ceux qui passent, étrangers les uns aux autres et à lui plus qu'à personne. Qu'ils soient de son pays ou non, il n'est pas du leur.

Quoi ? Un si profond délaissement se démunit encore ? Oui, le profond ennui d'être étranger à sa propre vie met le comble à la profonde amertume de l'être aux autres. Où la goûter mieux, et toute cette amère folie, que dans une salle publique, au milieu d'un hôtel qui regarde sur le port, et les navires en partance, par delà une rue où le double flot des hommes monte et descend ? — À la bonne heure, c'est être là dans la vérité de notre condition. Ici, après une lecture sur le vol des mouches, relevant le front, à peine si l'on se reconnaît soi-même pour soi-même ; et la brume où flotte la pensée ne s'étonne pas du brouillard, où les mâts, dans la rade, finissent de filer la quenouille d'un jour lugubre, à jamais révolu.

Étranger parmi des étrangers, dans une vie étrangère à toute espérance, voilà ce que le solitaire rumine d'être, et l'image qu'il se forme de la destinée humaine, quand il s'assied dans l'auberge de la plus noire solitude, qui est le désert d'hommes.

VIII. — LA MORT FROIDE

L'orgueil de l'intelligence est le plus stérile de tous ; c'est aussi le plus tenace. Il est sans joie, et désolé en ce qu'il console d'être sans joie. Il reste à ceux qui n'ont plus rien, et à qui il a fait tout perdre. Toute autre domination donne le contact de la vie ; celle-ci en écarte, au contraire.

Les passions du cœur sont pareilles à la mer, dont la jeunesse est éternelle, et le charme, et la folie : même les tempêtes, quand elles tuent, emportent la pensée dans un tourbillon magnifique. Mais l'intelligence est un glacier solitaire ; et il faut finir la nuit, couché sur le morne océan de la neige.

L'orgueil de l'esprit est un artisan d'ennui incomparable. C'est le tisserand des ténèbres. Partout la nuit, la profonde nuit. L'intelligence ne prend connaissance que de la nuit : seule à seul, il ne se peut pas que l'homme la supporte. La nuit est le métier et la soie ; la Parque, la fileuse et l'étoffe qu'elle tisse. Toutes les idées sont tissues sur le canevas de la nuit.

L'esprit sécrète le vide, comme l'abeille fait la cire. Mais l'abeille ne sait pas ce qu'elle fait, car elle est esclave dans sa république. La joie de penser ne survit pas à la prime jeunesse ; ou sinon, et si elle y suffit, c'est à une nature bien petite. Tout être fort secoue l'orgueil de l'esprit, comme un chien ses puces. Quand il est trop tard, on se tend à l'amour d'une convoitise sans bornes, et peut-être sans illusion. Car il est toujours trop tard.

La vue déserte du passé, ce réceptacle de mélancolie, — voilà l'horizon de l'orgueil. Et la pire douleur s'avance, pareille à l'heure que l'on n'évite pas : la certitude qu'on a été ce qu'on devait être, et qu'on ne pouvait faire autrement que l'on n'a fait.

On se sent plus léger après avoir pleuré. Aussi, jamais, dans Ibsen, on ne pleure. La volonté est l'âme d'un monde froid, une imagination sombre et sans pitié. Face à face, dans la neige, avec la nuit : que reste-t-il ? — La force de pousser la lutte jusqu'au bout. Pour unique espérance, l'esprit se promet le repos dans le calme du rêve. Car il faut céder enfin. Le moi n'est pas le plus fort. Il y a beaucoup plus puissant que lui : et c'est la nuit.

Le dernier mot est à la force. La force est la seule morale du moi et du monde réel, qui est le monde des corps. L'amour même du vrai est un culte de la force. Je vois un amour de soi, et sans partage, dans l'inexpiable culte de la vérité : on abonde en soi-même ; et que tout le reste s'y range, ou qu'il en souffre, s'il veut : quelque chose qu'on fasse, avec la vérité, on a toujours raison. C'est l'histoire de tous les fanatiques ; et que la vérité de l'un soit l'erreur de l'autre, quelle meilleure conclusion ? « Qu'est-ce que la vérité ? » dit Ponce-Pilate. Du moins le préteur romain ne s'en fait pas accroire ; il pourrait répondre : « la vérité ? c'est mes légions. » L'abus de la vérité est un abus de la force. Je le veux ; mais qu'on ne me donne pas cette église pour le temple du juste. La vérité, toute sa vie, Ibsen y incline ; il y fait tous les sacrifices ; puis, il sait ce que cette foi lui coûte. Mais quoi ? Il faut se soumettre. Une bonne tête doit céder à la force : toute révolte est absurde, indigne de l'intelligence. Voilà, dans la nuit noire, de quoi aiguiser comme un couteau le tranchant glacé des ténèbres.

Être soi-même. — Ibsen tient bon jusqu'à la fin : il ne veut pas se donner tort. Comment le voudrait-il, puisqu'il ne le peut pas ? — Nos idées ne sont si fortes et ne nous sont d'un si grand prix, que parce qu'à la longue elles nous façonnent.

Il importe peu que ce que nous pensons nous désespère. Il nous faut penser comme nous sommes. En vertu de quoi nous avons des pensées contraires, qui se combattent sans merci, image de notre contradiction. Ibsen se contredit, comme nous sommes tous forcés de faire, si l'intelligence ne le cède pas en nous à la passion. Couché dans le désert glacé où l'empire du moi ne connaît pas de limites, il tremble de tous ses membres ; il n'a même pas besoin de lever les yeux, pour savoir que l'avalanche pèse au-dessus de sa tête, et que la catastrophe est pour demain. Il sait donc ce qui l'attend ; mais il ne peut faire autrement que de se coucher sur la place et de dire : « Voilà par où j'ai pris pour venir en ce lieu ; or le chemin que j'ai suivi est celui que vous devez prendre. » Être soi-même, — il ne nie point qu'il l'a voulu ; loin de là, puisqu'il le veut encore. Le glacier, l'avalanche et la nuit lui font horreur ; mais dans ce froid nocturne, il persiste à croire qu'il n'y a pas de plus belle couche pour un homme.

Dans les victoires de la raison, quel profond désenchantement de la raison ! Qu'elle est morte, dans toute sa gloire ! Que sa parfaite logique est peu persuasive ! Qu'elle m'est de peu quand elle est tout ! Il est bien vrai que je ne vis pas de théorèmes ; et, à cet égard, la différence du plus juste, du plus étendu en ses conséquences, au plus pauvre et sans suite, n'est pas grande. J'ai connu tous les jours davantage combien l'amour et la foi vont ensemble : la vie porte là-dessus. La foi est vraiment née de l'instinct ; et l'instinct fait tourner les mondes, qui ne savent même pas s'ils tournent, et n'ont aucun besoin de le savoir, pour tourner. Il va sans dire que l'instinct, comme la passion, paraît une faiblesse aux gens de raison, et presque une face du crime. Leur sagesse prévoit un siècle et un monde sans passion, comme on a compté sur un âge sans péché. Mais pourquoi s'en tenir là ? et pourquoi pas un monde sans vie ? La sagesse ne sera vraiment sage que si elle se passe de la vie.

C'eût été le compte de l'intelligence. Être soi-même, dit Ibsen ; il sait à quoi il se condamne : toujours le nom de l'amour lui vient aux lèvres ; le regret d'aimer l'obsède. Être soi-même, fait-il par force ; nous aimer, rien ne vaut que d'aimer, qui est à dire : de n'être pas soi-même. Ibsen distingue en vain la loi des hommes et la loi des trolls, celle des êtres libres qui commande : « Sois ce que tu es, » et celle des êtres bornés qui dit : « Suffis-toi à toi-même. » Je vois partout des trolls, et presque pas un homme. L'idée d'être un homme infatue tous les hommes : comble de ridicule en presque tous. Comme s'il était permis à leur indigence d'y prétendre ; et comme s'il n'en coûtait pas toute leur fortune, même aux héros.

Qu'on le donne, qu'on le prenne, qu'on le rende, il n'est point d'amour qu'à ne plus être soi. Le supplice du moi est-il donc fait pour tous ? — À quoi bon y précipiter la foule des hommes, que son pauvre instinct eût sauvée, mille fois plus sûr que toute sagesse ? — Être soi-même ? Comme si plus d'un homme l'était, ou pouvait l'être, tous les vingt ans, entre vingt millions ? Comme s'il y trouvait, non pas même la joie, mais seulement un peu de repos ? Comme si toute la beauté, toute la vertu, toute la force humaine enfin d'hommes en nombre infini, n'était pas à ne jamais être soi-même, supposé qu'il leur fût possible de choisir ? — Bien loin qu'ils doivent l'être, qu'ils ne vivent au contraire qu'à la condition de ne l'être pas. La pire trivialité n'est point du tout d'être comme les autres ; mais, n'ayant point reçu le don mortel de l'originalité, de prétendre à en avoir une. Ô la triste singerie ! En vérité, c'est aux singes que le royaume des cieux n'est pas promis.

L'amertume. — C'est l'excès de ma joie qui fait l'excès de ma misère.

L'amour sans bornes de la vie est l'espace infini où je succombe. Je tremble à cause que j'aime. Je m'éveille dans l'épouvante, à cause de la splendeur du rêve où je m'endors. Et l'horreur du néant se mesure à la beauté enivrante de vivre.

Quand on mesure la passion la plus puissante et l'effort le plus noble de l'âme à l'effet qui les suit, le cœur se brise de tristesse : la flèche trempée dans le curare ne contracte pas les muscles, et ne les frappe pas d'une roideur plus convulsive. La déception est encore plus tétanique, si l'on compte la force que l'on a pour agir et pour aimer, à la trahison du monde. L'intelligence a si peu de part à ce profond ennui, qu'elle donne raison au monde. Que ferait-il de cet amour, de cette force, de cette riche action ? Il ne lui en faut pas tant. Il se défie : là-dessous, il sent le moi qui se cache.

Quelle vaste dérision ! Une moquerie inhumaine fait mon immense perspective. Et je n'y puis répondre par la raillerie : même jouée, mon âme ne joue pas. Vouée au rêve, et en sachant la suprême vanité, elle préfère ses miracles à l'horrible insulte de ce désert. À la dérision de la vie, répond la grande amertume.

Déception perpétuelle, ennui total, vide au noyau des passions les plus pleines, et, chemin faisant, une joie merveilleuse qui n'a pas de sens, — rien ne pourra me forcer de faire l'écho au rire qui m'insulte. Mon amour de la vie me confond bien plus que ma tristesse. Car, pourquoi me duper ainsi moi-même, et d'une telle ardeur que chaque instant renouvelle ?

À quoi mesurer la grandeur du moi, sinon au désespoir qu'il y trouve, et au défi passionné de rédemption qu'il y nourrit ? — De là naît l'amertume. Ibsen est bien amer.

L'amertume est l'ironie naturelle aux âmes fortes. La salutaire amertume vient du moi, et y retourne. Elle est comme une Victorieuse qui, debout et seule dans la victoire, laisse tomber ses bras : À quoi bon ? et que ferai-je du triomphe ? Triompher pour triompher ? Mais je ne suis pas un petit enfant qui joue, pour m'en satisfaire. Après s'être bien roulé sur le sable, l'enfant a sa mère, qui le met à table, le caresse, et le couche près d'elle, veillant même sur sa nuit.

Salutaire amertume pourtant, en ce que le cœur y compare sans cesse l'extrême, l'unique douceur de l'amour. Il est bien passé, le temps où l'on pouvait être plus amer aux autres qu'à soi-même. Le moi, c'est l'astre qui compte ses instants et qui se sent descendre. Ha ! bien plus encore : c'est le soleil passionné de la vie, à son couchant dans la mer de la mort.

Le moi, c'est la mort.

Le désir d'amour. — Pour se rendre plus noble, et pour croire à sa noblesse, le moi se fait tout esprit. Il abdique volontiers les passions, et, loin de l'instinct, il s'intronise dans le royaume mort de la connaissance. Il le croit faisable, du moins. Dans la pratique, l'esprit ne conçoit guère un autre lui-même ; et il n'y croit pas.

Le moi n'aime pas qu'une personne humaine soit entée sur sa personne. Il se défie de ce scion vivant qu'on veut insérer à sa tige. Il se plairait plutôt à ébrancher les arbres voisins : car tout lui fait ombre. Qu'il le veuille ou non, le moi est le profond ennemi de l'amour.

Pour ses premières armes, et sans même y faire effort, l'amour tue le moi. Dans la femme la plus pervertie, il lui reste cette force. C'est pourquoi la tentation est si aiguë de faire souffrir les femmes qui nous aiment, — et pourquoi tout bonheur est perdu, si l'on y cède. Ceux qui ont passé par là, ont su, depuis, la grande vengeance du cœur : pas une raison de tourmenter ceux qui nous aiment, qui ne soit folle. Que les femmes soient amères comme la mort : mieux vaut encore souffrir par elles, que de les faire souffrir.

Après tout, la douleur est la marque de l'amour. La pitié vient au cœur pour ce qu'on aime. Amour, à toute force, veut effacer la douleur. Il n'en est qu'un moyen : à soi, qu'amour la prenne. Dans une âme puissante, le désir de la consolation est pareil à la convoitise de la volupté la plus tranchante ; et la soif est égale de bercer une créature dans le bonheur qu'on lui donne, et dans la souffrance qu'on lui fait oublier. Telle est la récompense infinie de l'amour : un oubli de soi.

L'esprit l'ignore. Le grand désir d'amour, c'est la pitié : plaindre, et même être plaint. Le moi est un adulte, presque un vieillard : il méprise ces berceaux ; il ne comprend guère cette douceur ; il la repousse. Ibsen, plein de dons qu'il n'a pu faire, connaît la victoire de ce cruel amour qui n'a point de pitié, qui ne procure pas l'oubli, et n'offre enfin à l'homme que les délices d'un combat. Vivre toujours tendu, l'épée à la main ; toujours agir, et toujours marcher droit, même dans le vide, même quand on le sent aussi vide qu'il est ; toujours se débattre, pour toujours dominer, et sur un empire misérable : quelle dureté ! Quel absurde parti ! Et, sur le tard, si l'on regarde derrière soi la route méprisée, puisqu'on a fini de la parcourir, quel regret !

Je vois dans Ibsen une douleur bien rare : il n'a pu s'oublier. La merveille n'est pas de garder la mémoire, c'est d'en souffrir. Son désespoir lui rappelle que riche du grand amour, il n'a pas su en être prodigue. Il faut plaindre les pauvres de cœur ; mais combien plus ceux qui sont les plus riches, et nés pour donner : à la fin, ils se déplorent eux-mêmes, et leur richesse qu'on envie. Car ce n'est encore rien d'avoir tant à donner : considérez la misère de n'avoir pas trouvé à qui l'on donne. On demeure en soi, malgré soi. On tue l'amour, sans le vouloir, à force de le chercher. Et sans plaisir : on n'a même pas eu la joie du meurtre, cette basse passion du moi, qui fait les âmes meurtrières.

IX. — LE MOI EST LE HÉROS QUI DÉSESPÈRE

Ô la dure passion, celle d'être ! Chaque heure du jour la renouvelle. Tout est beau ; tout est sans prix ; et tout fuit. L'amour n'est-il pas beaucoup plus impitoyable que la haine ? — L'amour me fait sentir à tout instant la valeur et l'étendue de ma perte. Le bonheur des saints est celui-ci : ils possèdent davantage à mesure qu'ils perdent. Tout ce qui leur est pris d'instant en instant, leur fait un étrange avancement d'hoirie. J'entends la gaieté des saints. Pour tel que va le commun des hommes, les optimistes jouissent le moins de la vie, il me semble ; ils ignorent les délices tremblantes de la possession très précaire, qui la font goûter cent fois dans le cœur et dans la pensée comme par le fait de la chair même.

Ô de toutes les passions la plus dure, — celle d'être ! Plus tu aimes la vie, et plus tu désespères de vivre. Car, tu en sais bien la fin : ici, un souffle ; et la lumière est éteinte. Et que cette divine illumination brille sous le ciel sans moi ? — Quel abîme de désespoir m'ouvrent mes seules ténèbres !

Les sages sont sans doute les médiocres, selon l'opinion des anciens. Et les médiocres sont les indifférens. Mais les plus tristes aiment le plus la vie. Ils sont l'âme du sablier qui s'écoule. La profonde amertume est déjà sur la langue des hommes, qui ont baigné de tout leur être dans la lumière du soleil, qui l'ont aspirée par tous les pores, comme un fleuve de miel. Ce n'est pas à cause que mon père a mangé du fruit vert, que j'ai la bouche agacée du goût aigre ; mais parce qu'il a trop aimé le miel, et que mes lèvres en sont barbouillées : elles l'ont été dès les siennes. Chaque jour, cette onction délicieuse s'épuise ; et plus je la dévore, plus j'en suis avide ; et ma gorge se fait très amère.

Ibsen est le type de la grande amertume. C'est le goût propre de la vérité. Et son propre mouvement, c'est qu'elle dévaste.

Qui peut nier l'importance souveraine de Dieu pour la vie de l'homme ? — Je laisse de côté la conduite ; car, si la peur n'a point créé les dieux, la crainte suffit à créer les lois. En politique, les plus forts s'arrangent toujours pour être les plus justes ; ou pour le paraître, ou forcer les plus faibles à le croire, s'ils ne le sont pas. Mais bien plus que la cité, c'est le bonheur de l'homme qui est en jeu. Il est étonnant que si peu de gens s'en doutent. Comme le sang coule dans les veines, l'attrait du bonheur se répand, dès l'origine, dans l'âme vivante. Toute la vie gravite vers le bonheur. C'est la première loi. Rien n'est calculable que selon elle. Je ne pense point qu'aucune orbite y satisfasse, sinon celle de la foi, et si l'on veut, de l'ignorance. Je ris d'une sagesse qui détruit le bonheur. Athènes n'a pas si mal fait de donner la ciguë au trop sage Socrate. Je ne vois point de bonheur qui ne justifie toute ignorance. Si pauvre soit-il, et si épaisse qu'on la voudra. Ibsen en est plein d'atroces exemples : jusqu'à la fin, il montre qu'un même coup de vent emporte l'ignorance et les semblans du bonheur. Il ne jouit pas de son œuvre ; il en pèse les ruines. « Écoutez-moi bien, » dit Solness. « Tout ce que j'ai réussi à faire, à bâtir, à créer, à rendre beau, solide… et noble cependant, — tout cela, j'ai dû l'acheter, le payer, non pas avec de l'argent, mais avec du bonheur humain. Et non pas même avec mon propre bonheur, mais avec le bonheur d'autrui. »

Il faut croire, et ne pas le savoir. Ou, il faut ne croire à rien, mais ne pas s'en douter.

On nous parle sans cesse des anciens, qui, dit-on, n'avaient pas besoin de Dieu pour vivre. En effet, il leur en fallait cent, et plutôt que de n'en pas avoir un, ils s'en donnaient mille. Qu'importe l'opinion de deux ou trois philosophes ? Ils n'ont jamais compté pour rien. La philosophie n'est jamais qu'un dialogue des morts. Il faut des dieux aux vivans. Sauf quelques maîtres de danse qui inventent l'histoire pour s'en faire des argumens, tout le monde sait que la cité antique est née du culte. La religion est mêlée à tous les actes de la vie publique. Le peuple y est plus dévot qu'il ne l'a jamais été depuis. La cité antique est fondée sur l'autel des dieux. Toute la différence est que ces dieux ne commandent point la vertu ni le scrupule par leur exemple ; mais les lois y ont toujours suppléé, et fort durement. La manie de confondre la religion dans la morale n'est pas le fait d'un esprit bien libre. Que toutes deux se soutiennent, il est vrai ; mais inégalement. L'une se passe fort bien de l'autre, — qui est la religion. La morale ne lui rendra pas la pareille : elle ne peut. C'est à la vie même que se lie la religion ; elle procède de l'instinct le plus puissant dans l'homme, le désir de vivre. La morale n'est, toute seule, qu'une règle générale de convenance : il s'agit d'accorder les actes et les appétits de chaque homme à ce qu'exige le puissant instinct commun à tous. C'est pourquoi la morale varie ; et la religion ne s'en soucie guère : elle ne s'inquiète pas de ses variations ; car le fond de l'homme demeure le même.

Il n'est pas un de ceux qui invoquent les anciens, qui pût souffrir, un seul jour, la vie antique. Goethe était plus prudent : il voulait que l'on accordât l'ancien plaisir de vivre et la souffrance nouvelle. Et enfin, ces temps sont fabuleux. Quoi encore ? Les grandes âmes, dans l'antiquité, étaient tristes aussi.

L'ironie n'est pas médiocre de voir les grands esprits rejeter la religion, sans pouvoir se défaire de la morale. Ibsen est admirable dans cette entreprise. On lui croirait des remords. Je sais bien ce que c'est : sur les ruines, c'est le cri de la vie.

La morale est le journal de la religion. On brûle tous ses livres, et on ne peut se passer de lire le journal. Ibsen se rend peu à peu entièrement libre de Dieu, du culte et de toute église. Il ne se délivre pas de soi. Il essaie en vain de dépouiller la morale. Pas un homme un peu profond ne ferait mieux que lui : nous nous regardons trop faire. Quand nous invoquons le plus la vie, et que nous portons plus avidement la main sur elle, c'est qu'elle nous échappe. De quoi s'affranchit-on ? — De la vie, et non de ce qui la gêne. On ne dépouille pas même l'instinct de vivre : on ne rejette que le goût qui y attache. Et l'on ne peut se délivrer de la conscience. C'est le contraire qu'il faudrait faire, si l'on était sage ; mais c'est ce qui n'est pas possible. La sagesse ne manque pas tant que les moyens.

Pour être libres, et par une pente fatale, nous détruisons tout ce qui n'est pas le moi : c'est en vain. Bientôt, en dépit de tous les efforts, le moi rétablit ce qu'il a voulu détruire. Mais la joie a payé les frais de la guerre.

Quiconque arrive à la connaissance de cette détestable contradiction, se désespère : il s'est découvert une incurable maladie. Et ceux qui ne la découvrent pas, font pitié à penser : ce sont des infirmes qui proposent leurs béquilles et leur paralysie en panacée non seulement aux malades, mais aux gens bien portans.

L'esprit n'exige aucunement le bonheur de l'homme, ni la vie. Voilà ce qu'on ne peut trop redire. Cet impassible ennemi tend à tout le contraire. Comme s'il devait tant s'agir de l'esprit, quand il s'agit d'abord de vivre ?

Ibsen se replie sur soi-même, comme la forêt que courbe un éternel orage, et le vent la fait moins ployer qu'il ne la violente. Ainsi nous tous, qui sommes sans espoir, nous vivons en Norvège. C'est un climat de l'âme ; et il règne aussi en Angleterre, quelquefois, et parfois aussi en Bretagne. On peut quitter un pays, et se porter dans un autre ; on laisse l'océan derrière soi. Peut-être même, l'amour aidant ou, s'il en est, une autre occasion divine de fortune, — l'âme connaît-elle diverses saisons. Mais le climat de la pensée, une fois établi, ne varie guère ; l'intelligence le fixe une fois pour toutes ; et le siècle nous y retient avec une inflexible rigueur. On ne s'échappe pas ; ni on n'échappe au monde, ce qui est pis. Que ce monde-ci croie à la joie, et qu'il la goûte, ou qu'il ait l'air d'y croire, il fait comme s'il y croyait. De là vient la loi sans pitié que la foule des hommes fait peser sur l'homme sans espérance. Il n'est pas aimé, ni même haï, si l'on veut : il est mis à l'écart. Il a voulu l'être ; ou plutôt il y a été forcé, en vertu de sa nature, à raison de ce qu'il est et de ce que sont les autres. Mais combien ils se sont tous compris, à demi-mot, sans se concerter, pour rompre tous les ponts entre les deux rives ! Voilà notre Norvège et le climat social de ceux qui, privés de Dieu, ne se peuvent passer de Dieu ; à qui la vie ne rend presque rien de l'immense trésor qu'ils y placèrent, et qu'ils y ont perdu.

Il n'est pas si facile que les rhéteurs et les médiocres le prétendent, de se faire un Dieu du genre humain. Le corroyeur de Paphlagonie a beau se frapper sur la cuisse, le dieu dont il est membre, et l'une des plus fortes bouches, ce dieu n'est pas de ceux qu'on accepte les yeux fermés, ni à qui l'on se livre : car adorer, c'est se livrer. Mais au contraire, ceux qui ont été si puissans que de se soustraire à toute contrainte, et de tout immoler, même le bonheur, à la passion d'être libres, ceux-là, qui ont repoussé le meilleur maître et le plus beau de tous, ne sont pas près de se livrer à la première puissance venue. Eût-elle nom « Humanité, » elle n'est pas si belle que son nom ; et comme il faut toujours que des hommes vivans fassent un corps aux abstractions, pour qu'elles aient l'air de vivre, celle-ci leur emprunte une laideur par trop insolente, même dans une idole.

Que reste-t-il en cette extrémité ? — Une douleur passionnée d'avoir vécu, que le désespoir de mourir rend manifeste ; et le regret sans fin de l'unique bonheur : c'est le regret du grand amour ; et, ne l'ayant pas reçu, le remords de ne s'être pas entièrement donné soi-même. Car à moins de l'éternelle vie, cette vie ne nous est rien que la somme de tout ce que nous pouvons perdre.

Dans les honneurs qu'on lui a rendus, Ibsen m'a paru le plus dédaigneux des vieillards. Au banquet que lui offrirent les femmes libres, il fit en deux mots l'éloge de la famille. Ayant dîné avec eux, il dit aux révolutionnaires qu'il allait finir la soirée chez le roi ; et aux courtisans il annonça, du ton discret ordinaire à son exquise politesse, qu'il irait souper chez les anarchistes. Ce grand homme ne croit plus guère aux idées. L'artiste seul demeure. Il est fidèle, par tempérament, à la fiction d'une vie libre et pure. Avant tout, sa fibre est morale : c'est elle qui fait le lien entre les contradictions. Il a la conscience forte, comme il a de gros os.

Je suis d'un œil avide son déclin furieux. Une immense amertume se fait jour dans son indulgence et son mépris. Il ne pense qu'à soi ; il ne vit que pour soi ; et sans doute avec horreur. Les outrages de la fin, les atteintes de la vieillesse et de la mort, il se roidit là contre, comme on se défend d'une irréparable injure. Il fait le brave. Dans ses maux, il lève la tête, et je crois l'entendre faire son *Oraison du mauvais usage des maladies*.

Je m'irrite, parce que je suis seul ; et qu'il ne me reste rien.

Je n'avais que la vie. Je la méprisais comme un néant. Et pourtant, elle seule était solide ; elle est encore tout ce que je tiens, et qui déjà m'échappe. Ainsi, je suis enchaîné tout entier à ce qui n'est presque point. Précieuse et misérable vie ; fortune qu'il faut perdre, et qu'on ne retrouve pas ; nulle et réelle toutefois, en ce qu'elle est la seule où l'homme puisse atteindre, dès l'instant qu'il ne peut plus sortir de lui.

Elle ôtée, je perds tout : et je me le dis sans cesse. Et le cours du soleil, l'ombre qui me suit, sans cesse le répète. Le vieillard est celui qui fait les comptes de sa perte et qui ne peut s'en détacher, chaque heure effaçant un nombre à la colonne des chiffres : à l'avoir de mon bien, plus qu'une page ; plus qu'une demie ; plus que trois lignes ; plus… Qui me consolera dans l'ignoble extrémité de ne plus être ? Sont-ce les hommes ? Mais ils continueront bien d'être sans moi. Il faudrait que je crusse infiniment à moi-même, pour un peu croire à vous. Mon éternité seule pourrait être le gage de la vôtre.

Vos bons offices ne m'aideront pas à mourir. La sainteté ne dépend pas de vous. Il est trop tard. Je vous en veux de ce que vous n'avez pas fait, d'abord, en voyant ce que depuis vous vous mêlez de faire. Vous m'aideriez bien à mourir ? — C'est à vivre qu'il fallait m'aider : j'y aurais pu garder foi ; vous l'avez ruinée de bonne heure, au contraire. Je n'ai rien dû qu'à moi seul. Et s'il n'avait tenu qu'à vous… Désormais je suis pour moi-même ce qu'autrefois vous fûtes ; et ce que j'étais alors pour moi, vous l'êtes en vain : je n'y crois plus.

Je vous le dis amèrement : vous ne m'avez pas connu.

La force de l'homme qui ne s'emploie ni dans la politique, ni dans les journaux, ni dans les affaires, ni dans les armes est ce que l'on connaît le moins. Il n'est médecin ou savant ingénieur qui ne se croie bien plus utile qu'un saint ou qu'un grand poète, — et, après tout, qui ne le soit. Je n'y contredis plus. Mais quand les gens d'affaires, le soir, se mettent au lit, ils se couchent assurés d'avoir donné un effort incomparable, ayant usé du jour à leur profit, et à celui des autres hommes par surcroît. C'est en quoi ils se trompent. Pour le prix et l'utilité, il va sans dire que le labeur de ces hommes affairés vaut son poids d'or ; et chaque médecin, chaque journaliste est un digne Titus qui, sur le tard de la nuit, peut se rendre le témoignage de l'empereur romain. Mais pour la force et la valeur qui bat au cœur d'un homme, un saint dans sa cellule, et le grand poète devant son écritoire, ne souffrent pas qu'on les compare à personne ; et pourtant, ni le premier ne se vante, ni le second n'est sûr de rien. Ils disent comme moi : « Je suis ma propre ombre… Ma conscience inquiète me torture. J'ai vu, soudain, que tout, vocation, travail d'artiste, et le reste, ce ne sont que choses creuses, vides, insignifiantes au fond[8]… »

Il vous est trop facile aujourd'hui de m'entourer, après m'avoir condamné à la fuite. Qu'ai-je à faire de vos louanges ? Ce n'est même pas un semblant d'amour : car on n'aime en vérité que ceux qui souffrent ; vous m'avez laissé souffrir solitairement.

Que suis-je pour vous ? Rien de plus qu'un nom, une façon de statue. Vous me montrez aux étrangers, je le sais. Vous me couronnez comme un mort : c'est les tombes que l'on fleurit. Je vous saurai gré de l'admiration, quand la pierre du sépulcre sera chaude de vos lauriers. Mais qui aime les tombes ? On se glorifie d'elles, qui ne nous sont rien. En moi, vous ne vantez que vous. Je n'ai jamais pensé à vous vanter en moi.

C'est l'amour qu'il me fallait, et quand je pouvais le rendre, aussi vif, aussi chaud que je l'ai senti : jeune et fort, comme j'étais, et comme il me semble si indigne de ne plus être. Alors, j'eusse vécu ; et tout eût été changé. Oh ! combien je vous reproche la vie que j'ai tant de fois découverte, et que je n'ai pas possédée ! Ce soir, je regarde derrière moi ; je pense avoir fait le rêve de vivre, comme le pauvre, mourant d'inanition, songe dans son dernier sommeil qu'il s'assied au haut bout de la table, pour un festin royal.

Vous protestez en vain de vos sentimens pour moi. Il est trop tard, vous dis-je. Il est toujours trop tard ; et peut-être, pour tout.

Il est trop tard pour me plaire au succès. Nous ne parlons plus la même langue. La jeunesse est passée. Je ne sais plus me vendre. La monnaie du bonheur n'a plus cours dans ma maison. Qu'en ferais-je ? La douceur de vivre, la joie des passions au soleil, l'ivresse de croire et de gravir la montagne, quand on ne pense même pas jamais descendre, voilà les biens que vous ne pouvez pas me donner. Pourtant vous avez su me les prendre. Tous vos trésors prodigués ne me les rendraient pas. La fortune et la gloire, comme vous dites, ne sont que la rançon d'un prisonnier, que vous avez fait mourir dans sa prison, avant de le délivrer. Je suis maintenant captif de la mort. Perdu dans ce terrible infini du vide, où l'homme ne tombe peut-être au précipice que poussé par la désolation, ou pour avoir glissé sur l'arête d'une route glacée, — je roule maintenant sur la dernière pente.

Laissez donc. Je vous dis merci ; je prends vos offrandes ; et votre applaudissement fait un bruit agréable à mes oreilles. Mais ne comptez pas sur une plus ample reconnaissance. Je ne vous aime pas. Vous ne m'avez pas assez donné, quand il était temps.

Je suis le type du meilleur homme, et du pire : celui qui ne peut plus vivre et qui vit cependant. L'horreur de chaque vertu m'est présente ; et le bien dans chaque crime. Tout est condamné par l'homme, qui ne juge qu'en homme. Je suis celui qui sais vouloir et qui déteste sa volonté.

Je ne me plains pas : car de quoi serait-ce ? Je devais être ce que je suis. Et vous deviez être ce que vous êtes. Il fallait que je finisse dans l'amertume de vos honneurs, comme je devais vivre dans la solitude. Il fallait que vous en fussiez coupables envers moi ; mais je l'ai été contre vous, de n'être pas ce que vous êtes. Je sais aussi ce crime. Parfois, je m'en absous.

Le seul qui soit mon égal en Europe se meurt, comme je fais, malade aussi et au même âge : mais heureux, celui-là, jusque dans la dernière angoisse. Voilà en quoi il me domine : il a le bonheur : il n'est que de croire à la vie, pour croire à soi-même. Sa foi lui vient de vous, hommes. À moi, vous l'avez refusée. Je suis plus intelligent que lui : je le comprends et il ne me comprend pas. Mais c'est peu de l'intelligence.

Je vais me taire. Je vous ai habitués à beaucoup de silence. Je n'ai pas ouvert bureau public de conseils, d'oracles ni d'avis. Je me suis détourné de toute votre politique. Ma bouche est pleine d'ennui parce que je vous parle. L'atroce sentiment de ne point avoir en vous de semblables, était sans doute en moi de tout temps ; mais combien vous l'avez fait grandir ! La foi vient de vous seuls, ô hommes ; et de vous seuls, la vie. Ainsi ma grande mort vous accuse. Car je suis grand. Mais si j'ai la grandeur, depuis longtemps, je sais, moi, que j'ai la mort égale. Et c'est de quoi je me désespère : rien de plus ne m'est laissé.

Qu'importe le dernier été, et les froides illuminations de la gloire ? Qu'importe toute victoire ? où il n'y a qu'un homme et que la vie, il n'y a rien ; la mort coupe au plus court. Seule elle est là, l'inévitable torture. Tous les biens du monde, en vain, chargeraient ma tête : j'en serais écrasé davantage. C'est en vain que l'on me ferait les plus riches promesses : possesseur de l'univers entier, il me manquerait l'espérance du seul bien désirable : je suis dépossédé de ce qui dure. Je triomphe et je désespère. Je me possède ; je vous possède ; et je n'ai rien.

A. Suarès.

1. ↑ Voyez la *Revue* du 15 août.
2. ↑ Cf. *Quand nous nous réveillerons d'entre les morts*.
3. ↑ Maître Solness, Borkmann, Rubeck, le docteur Stockmann, Mme Alving ont cet âge.
4. ↑ Beaucoup de ces femmes étaient des étrangères. La plupart invoquaient l'exemple de l'Amérique et de la Scandinavie.
5. ↑ N'est-ce pas Heddah Gabler, et Hilde ?
6. ↑ *La Dame de la mer*.
7. ↑ La majorité a toujours tort, en effet, dit Ibsen, — la maudite majorité compacte. Et à ceux qui bénissent le grand nombre il répond ainsi par une malédiction.
8. ↑ *Quand nous nous réveillerons,…* Acte II.